住んでみた、わかった！　イスラーム世界

松原直美

SB新書

はじめに

イスラームについて「教徒は豚肉を食べない、お酒は禁止、ということぐらいしか知らない」という方は多いのではないでしょうか。

日本の商社に勤務する主人の転勤で、私は突然アラブ首長国連邦（UAE）のドバイに住むことになりましたが、この国に来るまでイスラームについての知識は乏しいものでした。イスラームは自分とは関係のないものであり、興味もなく、イスラーム教徒と理解しあえるとも思っていませんでした。

しかし、国民がほぼ100％イスラーム教徒のUAEにて国立大学で日本語と空手道を教える職を得てから、私はイスラーム教徒の生活に深く関わるようになりました。

UAE人たちと過ごす日常生活は驚きと発見の連続でした。彼らの行動をながめたり、話していることを聞いたりしながら、わからないことは何でも訊ねていきました。そうしているうちに、日本人には不可思議に思えるイスラーム教徒の行動に一つひとつ意味や目的があることがわかってきました。また、日本では常識であることも、イスラーム教国では非常識になり得ることにも気付くようになりました。

現在、世界の約五分の一以上の人々はイスラーム教徒であり、その数は増えつつあります。イスラームの発祥地であるアラブにはもちろんのこと、アメリカやヨーロッパにも、そして日本に近いアジア諸国にもイスラーム教徒はたくさんいます。日本が石油や天然ガスの輸入でお世話になっている国々も多くはイスラーム教国です。

日本でもイスラームに興味を持つ人は増えてきたようです。ところが、日本のイスラーム教徒は人口の1%にも満たないため、日本人はイスラームに接する機会が乏しく、生きた情報が得にくい状況にあります。

イスラームの教えの源は聖典クルアーン（コーラン）です。仏教やキリスト教にもいろいろな宗派があるように、イスラームにもクルアーンを元にしたいくつかの考え方があります。

そして、地域または教徒によってその受け止め方や行動の仕方は違います。宗教と、その国や地域にもともと根付いていた習慣が分かちがたく結びついているのです。ですから特定のイスラーム教徒の考え方や行動をもって「イスラーム教徒は○○です」と断定的に書くことはできません。

その一方で、イスラーム教徒が多かれ少なかれ共有している考え方や生活の特徴もあります。

本書で明らかにするのは「イスラームの基本的な教えにはどんなものがあるか、その教えに従って教徒はどう行動するのか」ということです。

アラビア半島の一角に位置する大都市ドバイにて、イスラームに疎かった一人の日本人がイスラーム教徒たちと過ごすことによってイスラームに馴染んでいった過程を、みなさんが追体験できるように書きました。中学生から読めるように、イスラームの細かい規則についての説明は避け、規則のアラビア語名は多くを省略しています。

「イスラーム」という言葉には「神の教えを絶対的に信じ、よりどころにすること」という意味が含まれているので、本書では「イスラム教」という言葉ではなく「イスラーム」を使っています。

イスラームの「異性に対して慎み深くあるべき」という教えに沿って男女が分かれて行動するUAEにおいて、女性の私が男性の社会を深く知ることはできません。また、イスラーム教徒ではない私が立ち入りできないUAE社会の側面も多々あることでしょう。これらの克服できない領域があることを承知の上で、今後、日本人が関わることが多くなるであろうイスラームについて、それを身近に感じ、馴染んでいただきたい、との願いを込めて著しました。

アラブのイスラーム教徒は、日本人と考え方や行動がまったく違う面を持つ一方、われわれと非常に近い面も持ち合わせています。この本ではみなさんが日本と外国の宗教や生活を比較する視点を持つようになることも意図しています。

それではアラブのお香の匂いが漂うドバイへ一緒に出かけましょう。

住んでみた、わかった！　イスラーム世界●目次

第二章　食材と料理　55

第三章　イスラームの成立と制度　77

第四章　ラマダーン（断食月）体験　111

第五章　イスラームに基づく身なり　145

第一章

誕生から葬式まで、信仰とともにある生活

1．家族内のできごと

❦赤ちゃんが生まれてすぐ耳に吹き込まれる言葉とは

大学の教え子、アーリアさんに赤ちゃんが生まれたというので、見に行きました。アーリアさんは背が高く、小麦色の肌をした才色兼備のアラブ人です。1年前、UAEの国立ザーイド大学ドバイ校を優秀な成績で卒業しました。在学中の20歳で婚約し、卒業と同時に結婚しましたが、ハネムーンの数ヵ月後、お腹が大きくなっていました。

訪問に先立ち、アーリアさんの親友ナダさんが出産直後の赤ちゃんを病院まで見舞いに行った、と私に連絡をくれました。私は「出産したばかりでは母親が疲れていたり、家族が忙しいかもしれないので、母親が落ち着いたらゆっくり赤ちゃんを見に行くね」と答えると、ナダさんは「アラブでは早く見に行くほうが喜ばれますよ」と言います。そこで実家に戻って間もない出産5日後のアーリアさんをたずねました。

赤ちゃんの目はまだ閉じたままでしたが、目が大きいことは一瞬にしてわかりました。鼻も高いし、くちびるも厚いです。アラブ人は一般に目鼻立ちのはっきりした顔をしていますが、赤ちゃんも生まれたときから彫りが深く、眉毛も生え揃っていて意志の強そうな顔をしています。日本人の赤ちゃんと違い、髪の毛もふさふさしています。髪の色は多くが黒か焦げ茶色です。

イスラーム教徒の父親から生まれる子供は生まれながらにしてイスラーム教徒なので、出産時にはイスラームにちなむ儀式や習慣が行われます。アーリアさんは次のように教えてくれました。

「出産直後に、赤ちゃんの父親か祖父などその家の家長にあたる人が、赤ちゃんの右耳に向かってアザーンの文句を吹き込みます」。アザーンとは、イスラーム教徒をモスクへの礼拝にいざなう呼びかけで「アッラーフ・アクバル（アッラーは偉大なり）」という文句ではじまります。アッラーは神という意味です。イスラーム教徒にとってのアッラーは天地を創造した全知の神です。「アザーンの文句を聞かせることで、この赤ちゃんがイスラームの聖典クルアーン（コーラン）を遵守する敬虔な良い子になる、と信じられています」。

「出産後7日目に、男児が生まれた場合は羊を2匹、女児が生まれた場合は羊を1匹、神への感謝のしるしとして屠畜《とちく》し周囲に振る舞います。屠畜する動物はヤギや牛、ラクダのこともあります。名前もこの頃までに決めます」。ドバイでは必ずしも羊を規定の数どおりに殺すわけではないようですが、ご馳走を振る舞う習慣は続いており、アーリアさんの家でもこれから宴会の用意をするそうです。

「出産後7日目かその前後に、赤ちゃんの髪の毛を父親か祖父が剃髪します。剃った髪の毛の重さと同じ重量の銀を買って知り合いに配る、という家もありますが、うちではしません」。

アーリアさんの実家は世界一高いビル「ブルジュ・ハリーファ」にほど近い高級住宅街の一角にあります。石油から得られる利益によりUAEは1971年の建国以来急速に発展し、砂漠の寒村は世界一の建造物が立ち並ぶ豊かな国に変貌《へんぼう》しました。華やかなインテリアに囲まれた冷房完備の大きな家で大人たちは高価な電子機器を操り、子供たちは最新のゲームで遊んでいます。

そのように近代的な環境で暮らしているアーリアさんの家庭でも、イスラームが成立した7世紀から教徒の間に連綿と続いている儀式が行われていました。

クラスになぜムハンマド君がいっぱいいるか

割礼《かつれい》はUAE人男児は全員行いますが、女児は行いません。割礼とは性器の一部の除去のことで、宗教、あるいは地域によって実施されています。

割礼を行う場所は、昔は個人宅でしたが、現在は病院やクリニックです。手術を施すのは昔も今も男性だそうです。割礼をする年齢は国と地域によってかなり違うようですが、UAEでは早いと生まれて数日後、遅くても7歳までには済ませます。UAE人男性に聞いたところ、割礼は痛いそうなので物心がつかないうちに済ませた方がよいと考えているようです。

赤ちゃんの名付け親は古来、祖父か父親でしたが、最近は母親も協議に加わることが多いそうです。UAE人の名前は男女ともイスラームにちなんだものがほとんどです。神が好むと考えられているいくつかの名前を命名することが多いため、多様性に乏しいのです。アーリアさんの長男はイスラームの開祖である預言者ムハンマドにちなみムハンマド君になりました。預言者とは神の言葉を伝える人です。ムハンマドはUAE人男性に一番多い名前のひとつで、ムハンマドの別称であるアフマドやハマドがこれに続きます。アッラーの下僕という意味のアブドゥッラーや、慈悲深きもの（アッラー）の下僕という意味のアブドゥッラフマーンも多いです。

イーサー君という学生に名前の由来を聞いたら「イスラームの預言者のひとりで、キリスト教ではイエスと呼ばれています」と言います。「イエスもイスラームの預言者なの？」と驚いて聞くと、「ユダヤ教とキリスト教が発展して最終的にイスラームになったので、ユダヤ教の預言者もキリスト教の預言者もイスラームの預言者なのです」とイスラーム教徒の考えを説明してくれました。

女子の日本語初級クラスには約20名が在籍していますが、マルヤムさんが5人、ファーティマさんが4人、アーイシャさんが3人います。マルヤムは預言者イーサー（イエス）の母親の名前（マリア）で、ファーティマはムハンマドの娘の一人の名前、アーイシャはムハンマドの愛妻の一人の名前です。同じ名前の学生がひとつのクラスに複数いる場合、先生は学生を本人の名前と父親の名前を続けて呼びます。学生同士は名前をもじったあだ名で呼び合います。たとえばファーティマの場合、ファタム、ファトミー、タミーなどになります。

UAE人は氏名が長いですが、ごく簡単に表すと

自分の名前＋父親の名前＋父方の祖父の名前＋父方の曽祖父（ひいじいさん）の名前＋姓

という順になります。姓は部族や支族の名前、特定の先祖の名前、出身地などに由来します。

女性の名前を日本語で無理に例えれば

花子＋たけし＋きよし＋たかし＋山田

とでもなるでしょうか。彼らは普段「自分の名前＋一族の名前（花子＋山田）」または「自分の名前＋父親の名前＋一族の名前（花子＋たけし＋山田）」を使っています。

ムハンマド君
えっ!?
ハイ?
ナンデスカー
ボクモ

男女ともに結婚しても氏名は変わらないので「旧姓」はありえません。日本に興味のある日本語クラスの学生は日本のニュースをよく知っていますが、日本で生じている夫婦別姓の問題がよく理解できないようでした。

お母さんと奥さんの意見が対立したら、お母さんを尊重?

UAE人学生ファハド君とムバーラク君が将来の抱負を語っていたとき「結婚したあと、お母さんと奥さんの意見が対立したらどちらの意見を尊重するの?」と聞きました。すると二人は「お母さん」と即答しました。この二人は20歳前後の独身で、女性を真剣に好きになったことがないそうです。

UAEでは多くの場合、親が子供の結婚相手を選びます(第六章で詳述)。若者は求婚を断る権利はありますが、自分で相手を選ぶことは家族に許可されない場合があるので、結婚相手に大きな希望を抱かない男女もいるようです。

「(意見を尊重するのは)お母さん」と即答されて私が黙ってしまったら、ファハド君は「イスラームには「妻を大切にしなくてはいけない」という教えもありますが……」と言ってこう続けました。「預言者ムハンマドは「誰を一番大切にすべきか」という質問に「母親」と答えた。

「次に大切にすべきは」という質問にも「母親」と答えた。さらに「次に大切にすべきは」という質問にも「母親」と答え、四回目の質問でようやく「父親」と答えた、という話があります。ですから息子が母親を大切にするのは当たり前のことなんです」。

独身男性だけでなく、既婚男性でも状況は同じでした。「お父さんは毎日自分のお母さんに電話しています」と、国立UAE大学に通うスマイヤさんは話します。「そしてお父さんは毎週末、自分のお母さんに会いに行きます」。

スマイヤさんの父親のご両親は二人とも元気だそうです。体調不良なら毎日電話をかけるのもわかりますが、元気に過ごしている母親に毎日電話をかける息子は日本ではほとんどいないだろうな、と思っているとスマイヤさんは続けました。「私は、イスラームの教えに即して母親を大切に扱い、毎日自分の母親に電話をかける父親を誇りに思っています」。

「自分が将来結婚したときに、夫が毎日お母さんに電話をかけたりしょっちゅう会いに行ったりするのは気にならない？」と聞いてみると、「大丈夫。なぜなら自分の父親が（彼の）母親に対してそうやっているのを見ているし、私に息子が生まれたら私と息子の関係は父と父の母親のようになるから」と、こともなげに言ってくれました。

つまり、自分の息子は自分を愛してくれる人になるから、夫が彼の母親を気にかけるのは問題ない、という理論です。

「親を大切にすべき」というイスラームの教えが浸透しているUAEでは介護という言葉をほとんど聞きません。なぜなら家族の誰か、またはメイドが高齢者の世話を見るからです。高齢の親と子供たちが一緒に暮らしていなくても、子供は親の家の近くに住む場合が多く、老夫婦だけまたは老人が一人きりになることは少ないのです。そのせいかデイケアセンターや老人ホームのような施設はほとんど見かけませんでした。

日本人とまったく違う死生観——火葬はありえない

2003年ごろから広く人気を博した『千の風になって』という曲をドバイでふと思い出しました。「わたしはお墓に眠っておらず、風になって空をわたっている」という意味の歌詞が頭に浮かび、「ドバイでは千の風は吹かないな」と思いました。

なぜならイスラームでは、日本人のように「亡くなった人は私たちの身近にいて見守ってくれている」とか「風になって自由にどこへでも行ける」という考え方をしないからです。

イスラームでは、亡くなった人が復活する終末の日を信じています。終末の日まで亡くなった人の魂は仮の場所に待機していると考えるのです。神による審判が終末の日にくだると、亡くなった人々は初めて楽園か業火の地獄へ行くことが決まります。終末の日がいつ来るのかは神のみが知ることであり、生前に善行を重ねた人は楽園、悪行を重ねた人は地獄行きになります。どちらにしてもそこで永遠に過ごすことになります。

埋葬の方法も日本人と大きく異なります。「日本では火葬をします」と説明すると、イスラーム教徒に眉をしかめられることが少なくありません。土葬をするイスラーム教徒にとって火葬は地獄を想起させるようです。

誰かが死亡した場合、イスラームではすみやかに埋葬した方がよいとされています。そこで家族や親族、友人はすぐに故人の家に集まり、イスラームで定められた故人のための礼拝や儀式をします。ＵＡＥでは簡単な食事を供されますが、男性と女性は別々の部屋にとどまり交わりません。葬儀のために着る特別な服（喪服）はなく、男性は普段から着ている白い民族衣装、女性は普段から着ている黒い民族衣装の外套を着ます。「黒い喪服は西洋の習慣だからそれはまねしない。ＵＡＥでは独自の習慣を守っている」と聞きました。

死者が男性の場合は男性が、女性の場合は女性が亡き骸を洗い白い布で巻きます。そのあと死者の縁者が墓地に行きます。霊柩車はありません。墓地につくと男性が何人かで遺体を担ぎ、礼拝を唱えながら大きな穴に遺体の頭がイスラームの聖地であるサウジアラビアのマッカ（メッカ）に向くようにして置きます。遺体を埋葬した場所や周囲には石を置きます。墓碑（墓石）は小さくシンプルです。墓地はたいてい白っぽい塀で四方を囲まれており、塀の外から中が見えにくい造りになっています。

日本人のように定期的なお墓参りはなく、特に女性がお墓に行くことは稀だそうです。イスラーム教徒の多くは「女性は人前で自分の感情を乱すことがあるので葬式やお墓に行くのは望ましくない」と考えています。女子学生たちは口々に「今までお墓に行ったことはない」と言っていました。

日本でも諸外国でも「偉人のお墓」は観光名所になっていることがありますが、ＵＡＥに「偉人のお墓」はなく、唯一、建国者ザーイド大統領の霊廟があるのみです。『千の風になって』が日本で大流行したという事実は、日本人の死生観・来世観を知る上で興味深いですが、この歌詞が宗教上受け入れられない国も少なくないことでしょう。

子だくさんの大家族ゆえ、家族構成はフクザツ

ザーイド大学女子セクションの大学祭はとてもにぎやかです。10歳以上の男性は入場禁止ですが、学生たちが母親や姉妹、女友達を連れてくるので、普段から華やかなキャンパスはます

ます華やぎます。

高級デパートのように見える構内の大広場には模擬店がずらっと並び、学生や業者が手作りの品や軽食、民芸品などを売っています。私は興味津々と各模擬店を巡っていました。

そんなときです。「先生、こんにちは～」と日本語で朗らかに声をかけられました。日本語クラスに出席している大学一年生のファーティマさんです。二人の美しく若々しい女性を連れています。

「美人三姉妹だな」と思っていると、「娘たちは家でいつも日本の話をしているんですよ」と、お姉さんだと思っていた女性が英語で私に話しかけてきました。ファーティマさんのお母さんだったのです。うら若き乙女のように見えるお母さんは30代前半だそうです。「よく姉妹って間違えられるんですよ。15歳ぐらいのときにファーティマを生みましたからね」。

イスラームでは「女性の結婚は生理が始まり次第、早ければ早いほどよい」という考えがあります。現在UAEでは、結婚最低年齢が男女とも18歳と法律で定められ、それより若い人の結婚は本人の了解と親の承諾が必要です。そこで現在では男女とも多くが20代で結婚します。

しかし、今の学生たちの母親が少女だった時代まで、つまり1980年代まで、女性は早い場合は12歳ぐらいから、男性でも10代のうちに結婚することが多かったのです。

「UAE人の家族は誰が誰だかわからないなぁ」と驚いているのも束の間、ビジネス学部学生のラウダさんが、ベビーカーを押しながらニコニコ顔で近寄ってきました。「私の子供を紹介させてください」と言います。「えっ！　ラウダさんて、もうお母さんだったの⁉」

「私は高校生時代に婚約し、卒業と同時に結婚し、大学に進学しました。入学一年後に出産し、数ヶ月の出産休暇を経て復学しました。授業のある日は子供を家においてその世話を母親やメイドたちに頼んでいます」。

ラウダさんにとって大学祭は自分の子供を友達に披露するよい機会となっているようです。私に赤ちゃんを見せ終わると、他にもわが子を見せたい人がたくさんいるらしく、忙しそうに去っていきました。

次は大の日本びいきの学生ダーナさんがベビーカーとともに登場しました。「19歳のダーナさんもお母さん？」といぶかしんでいると、近寄ってきたダーナさんは開口一番に呼びかけました。「先生、私の弟です。かわいいでしょう」。一瞬、家族構成が理解できなかった私にダーナさんが説明してくれました。「母は10代で結婚して今は40代。この間におおぜいの子供を生んだから兄弟姉妹の一番上と一番下では歳が20歳以上違うんです」。

イスラームでは「女性が多産であること」はよい女性の条件のひとつに数えられています。人類の未来をつなぎ、イスラーム教徒の数も増やすからです。そこで若いうちに結婚し、子供を生み始めるので家族の規模が大きくなります。子供の数は、親が１９６０年代までの生まれだと5人から10人ぐらい、親が１９７０年代以降の生まれだと４人から６人ぐらいが普通です。さらに住み込み、または通いのメイドや運転手など外国人の使用人たちがいます。大家族には煩《わずら》わしいこともたくさんありそうですが、大家族で育ったからこそＵＡＥ人が身に付けている特技や長所もたくさんあります。

たとえば誰でも赤ちゃんの世話ができるし、幼子をあやすことができます。母親は長年かけて子供を生み続けるので、家庭にはいつも赤ちゃんや幼い子供がいるからです。また、年の離れた兄や姉がすでに結婚して子供がいるので、自分は若くしておじさん・おばさんになり甥や姪の世話をしているという10代の若者もたくさんいます。ＵＡＥでは頻繁に親族で集まりますが、誰かしら必ず幼子を連れてくるので集合時に子供がいない状況はほとんどありえません。

「自分と違う世代の人と話せる」という特長も備えています。日本だと、自分と同じ世代の人以外は話す機会が少ない、または話すことが苦手、という人が多そうですが、ＵＡＥ人の一族にはどの世代の人もいるため日常的にいろいろな年齢層の人と話しています。ですから若者が初めて会う幼稚園生とふざけ合うことができるし、面識のない老人とも仲良く話すことができます。これは現在の日本人が失いかけている性質かもしれません。

2．日々の生活で実践される行い

♣1日五回の礼拝は、意外にもフレキシブルになされている

「アッラーフ・アクバル（アッラーは偉大なり）」「ラー・イラーハ・イッラッラー（アッラーの他に神はなし）」などの文句がＵＡＥでは、モスクから1日五回大音響で流れてきます。これは「アザーン」と呼ばれる、イスラーム教徒を礼拝にいざなう呼びかけです。モスクが密集している地域ではあちこちからアザーンが音声多重で聞こえてきます。イスラーム教徒でない私は、モスクに入ることが許されません。入れるのは、観光用に公開しているいくつかのモスクのみです。しかしアザーンの声とともにモスクへ向かって歩いていく人々の群れを見るとき、今自分はイスラーム教国にいる、ということを最も強く感じます。

1日五回の礼拝は日の出・正午ごろ・昼下がり・日没・夜にあります。それぞれの礼拝時間は太陽の動きによって決まるので、毎日少しずつ変わっていきます。しかしイスラーム教徒たちを見ていると、それぞれの礼拝時にモスクへ行っているようには見えません。そこでどのよ

うに礼拝しているのかＵＡＥ人たちに聞いてみました。「毎日すべての礼拝をモスクでするわけではありません。平日は家の中や会社、学校の中などの礼拝部屋でお祈りを済ませます」。

女子学生はこう付け加えました。「ＵＡＥ人女性はモスクに行きません。家か出先の女性用礼拝部屋でお祈りをします」。その理由を聞くと「モスクには男性がたくさんいるからです」。イスラームには「女性はなるべく男性に見られないほうがよい」という教えがあります。これは女性を、夫や親兄弟以外の男性の目から守るという考えに基づいています。モスクの内部は男性用の礼拝場所と女性用の礼拝場所が分かれており、出入り口も男女別ですが、どこかで女性は男性の目に留まるかもしれません。そこで女性はモスクへ出向くのを避けるのです。ただし国によっては女性もモスクに行って礼拝をします。

礼拝は定時にするのが一番よいそうですが、忙しい現代人は仕事や学業でなかなか定時に礼拝を行うことができません。「定時にできない場合は次の礼拝の時間までにできなかった分の礼拝をします。たとえば二回目の礼拝が午後1時で三回目の礼拝がその約3時間半後の場合、3時間半の間に二回目を済ませればよいのです」。また、時間がない場合は、日没時の礼拝を除いて礼拝を短くしてもよいそうです。

「限られた時間内に礼拝ができないほど仕事が忙しい場合は、二回分のお祈りをまとめてします」と、日中は働き、夜は学生として大学に通っているハッサン君は言っていました。このように礼拝はフレキシブルに行われています。

生活のリズムを作り、心に平静をもたらす礼拝

大学の中には男性用礼拝部屋と女性用礼拝部屋がそれぞれいくつかあります。授業中に礼拝時間がぶつかっても、学生たちは教室を出て行くことはありません。授業の合間に各自が礼拝部屋に行っています。授業以外の時間に学生たちとおしゃべりをしていると、学生はそれぞれ都合のよいときに「先生、ちょっとすみません。礼拝をして来ます」と言って席をはずし、10分くらい経つと戻ってきます。

女子学生たちとショッピングモールなどの商業施設へ一緒に出かけたときも同じです。彼女たちは折を見て「礼拝をして来ます」と言って施設内の礼拝部屋に行きます。

学生たちはいつも食べ終わってから礼拝場所に行くので、「先に礼拝を済ませてからゆっくり食事をとったら?」と言ってみました。すると「礼拝は空腹のまま行うと集中できないので、空腹のときは先に食事をするように、というイスラームの教えに従っています」と答えました。

みんなが礼拝に行ったのに残っている女子学生がいたので「なぜ行かないの?」と聞くと

「生理中は礼拝ができないんです」と教えてくれました。

大学内では女子日本クラブの部室で礼拝をする学生もいました。私は日本クラブの顧問を勤めていたので時折部室を訪れていました。部室は部員たちが行事の準備をしたり、おしゃべりを楽しんだりする場所です。しかし、今まで大声で冗談を言ってみんなを笑わせていた学生が、突然真剣に礼拝を始めるとそこは礼拝部屋のような雰囲気になります。誰かが礼拝を始めると周囲の学生たちも礼拝中の学生に配慮して静かにするなどお互いに気を配っています。礼拝を終えた学生はすっきりとした顔をして、またおしゃべりの輪に戻っていきます。

「礼拝のとき、マニキュア、お化粧は落とすべき」とされていますが、これはあまり守られていないようです。それでも一心に祈っている学生の姿を見ると、私は人々の生活に深く浸透しているイスラームの影響力の強さに畏怖の念を抱かずにはいられませんでした。

「お祈りは自分や家族の幸せを願ってするものなの?」と聞くと、「お祈りをする究極の目的は、神様に気に入られて死後に楽園へ行くことです」と彼女たちは答えました。楽園には複数の階層があり、なるべく上の階層に近づくように日々お祈りを重ねるのだそうです。敬虔なイスラーム教徒は生きている間ずっと死後に復活する世界での幸せを考えて行動しているのです。

「イスラームについていろいろと質問して申し訳ないね」と学生たちに言うと、「イスラームを

行ってらっしゃい
礼拝をしてきま〜す

知らない人にイスラームについて説明するのは教徒の義務であり、神様が喜ばれることなので、私たちは説明するのが嬉しいんですよ」と言って笑顔を返しました。ただでさえよくしゃべるアラブ人はイスラームについて人に説明することをまったく厭《いと》いません。それどころか、聞いていないことまでいろいろと教えてくれます。昼すぎの授業が終わったあと、学生たちと話し込んでしまい気付くと辺りが薄暗くなっていた、ということがしょっちゅうありました。

「1日五回も礼拝するなんて時間がかかって大変だなあ」と思っていましたが、イスラーム教徒にとって礼拝は食事のように当たり前のことであり、時間の流れの中で自然に行われていることでした。また、礼拝によって彼らは心の平安が得られ、礼拝がよい気分転換にもなっていることを身を持って実感しました。

クルアーンの朗読には、有名な読み手や各自のお気に入りがいる

ＵＡＥの首都アブダビで開催される行事に行く日のことです。予定していた車が突然使えなくなり、片道６０００円のタクシー代を払って行くしかないとがっかりしていました。アブダビはドバイから１５０キロ離れているのです。すると同じくドバイからその行事に行く知り合いのマージド君が、私が困っていることを聞きつけて私をアブダビまで乗せて行ってくれる、

という連絡をくれました。

渡りに舟だと思いましたが、マージド君は私の日本語の生徒ムハンマド君の友人として知っているだけで、面識は浅い人物です。私が彼のために何かをしてあげたこともありません。申し訳なく感じた上、アブダビまで1時間半もあるのに話題も続かないだろう、という不安もありました。しかしアブダビに連れて行ってくれるというありがたいオファーは捨てがたく、マージド君に同乗させてもらうことにしました。

マージド君が運転するメルセデスベンツの四駆車に乗り込むと、私はすぐに言いました。

「君の好きな音楽をかけていいよ。私は何でも聴くから」

20歳以上も年上のオバサンとアブダビに行く羽目になってしまった18歳の青年が少しでも気楽に長い道中を過ごせるような状況にしよう、という配慮のつもりでした。するとマージド君は「音楽は聴かないけれど、聴かせたいものがある」と言って何やら後部座席に置いてある荷物をごそごそと探し始めました。「音楽じゃないけど聴くものとは?」と不思議に思っているとマージド君は嬉しそうにCDをセットし、再生のボタンを押しました。

すると流れてきたのはクルアーンの朗読でした。深く、しみわたるような声の持ち主です(注:クルアーンの朗読に曲はついていません)。いかにも生真面目そうなマージド君がパンクロックやヘビーメタルを聴くとは思っていませんでしたが、クルアーンが流れてくるとも思っていませんでした。何しろマージド君はまだ頬も少し赤いようなぽっちゃりした青年なのです。

　クルアーンの読み手は「カーリゥ」と呼ばれます。有名なカーリゥはたくさんいるそうですが、マージド君のお気に入りのカーリゥはエジプト人の今は亡きアブドゥルバースィト氏です。マージド君はアブドゥルバースィト氏のよどみなく語り掛けるような朗読が大好きで、朗読を聴いていると落ち着けるそうです。マージド君は「試しに聞き比べてみてください」と言って、アブドゥルバースィト氏の朗読がどれだけ心地よいかを立証するためラジオのスイッチをつけ、ラジオ番組で流れているクルアーンの朗読を聞かせてくれました。UAEのいくつかのラジオ局ではクルアーンの朗読を常時流しています。聞き比べると、アブドゥルバースィト氏の声とラジオで流れる朗読の声はまったく違うことが私のような素人でもわかりました。

　しかしながら、いくら朗読の声がすばらしくても朗読の音調にそれほど変化があるわけではありません。しかもクルアーンは長く全部で114章もあり、朗読の速度にもよりますが、数十時間に及びます。そこでマージド君に「クルアーン朗読を聴いていて、眠くなることはないの？」と聞いてみました。すると彼は「クルアーン朗読を聴いていると頭がどんどん冴えてくる」と答えました。私の質問は彼にとって失礼だったと反省しました。

アブダビまでの1時間半の道のりはすべてマージド君による熱心な解説入りでクルアーンの朗読を聞きながら過ごしました。人生ではじめて体験したクルアーンを聞きながらのドライブでした。

善行を積むためのツール――いたるところにある募金箱や寄贈物

ある日、ザーイド大学の学生食堂に突然何かの装置が設置されました。この装置は人の背丈ほどもあり、最初見たときは何のための装置かまったくわかりませんでした。手の高さぐらいのところに紙幣が入るような九つの細長い口があります。よく見ると一つひとつの口に「孤児への寄付」、「体の不自由な人への寄付」、「被災者のための寄付」などと書いてあります。それでようやくこの装置が慈善団体による寄付金集金ボックスだということがわかりました。

「お金に余裕のある人は困っている人に寄付を施すこと、すなわち喜捨《きしゃ》」はイスラーム教徒に義務づけられた五つの行いのうちのひとつです。喜捨には、預金の一定割合を捧げなくてはならない制度に基づく強制的な喜捨と自由な意志で行う喜捨の二種類があります。UAEでは人々が気軽に喜捨を行えるようショッピングモールや公共施設の出入り口に寄付金を入れる箱が用意されています。その箱が大学にも進出してきたのです。

学食に置かれた装置の側面は透明なので、どのくらい寄付金が集まっているかを見ることができます。５ディルハム（約１５０円）や10ディルハム（約３００円）札がたくさんたまっています。学生がちょっと寄付をしたい、というには程よい金額なのでしょう。

日本では、国民が払う税金の中に国内外への援助資金が含まれています。一方、ＵＡＥは日本と税制が大きく異なり、国民が政府に支払わなくてはいけない課税項目が少ないです。その分、社会に対する喜捨が奨励されており、多くのＵＡＥ人が高額の喜捨をします。

喜捨だけでなく、自分の施設や土地を公共のために提供することもあります。たとえば水飲み場の提供です。

ドバイのまちなかには公共の水飲み場がたくさんあります。それらは繁華街ではなく、住宅街に多く見られます。「なぜこんな人の集まらないところにいくつも水飲み場があるのだろう」と疑問に感じたので、公務員のムニーラさんに質問したら明快な答えを与えてくれました。

「その水飲み場は、水を欲するすべての人々に提供しているものです。誰かが水道の水を飲んだり使ったりすればするほど、水飲み場を設置した人が多くの善行を重ねたことになり、その人は楽園により近づくと考えられます」。

この説明で、水飲み場の多くが住宅街にあることが理解できました。水飲み場は、たいていその近くの家の人が設置したものです。設置した人だけでなく、その家庭で既に亡くなった人、ずいぶん昔に亡くなった人も含めて、彼らが楽園に行くことを目的として作られたということです。亡くなった人でも、その人が残した財産を公衆のために使うなどの手段で、神が最後の審判を下す日まで善行を積めるのです。

水飲み場の水を使っているのは、たいてい近隣で働く建設作業員、メイドやその子供、運転手などです。利用者にとってもありがたく、設置者にとっては利用者がいることがありたがいという、一石二鳥の水飲み場です。

木を植えたり、モスクや学校、病院を作ったりしても善行が積めるそうです。個人が公共のために建てたモスクには、たいていモスクを建てた人の名前がついています。ドバイではそのようなモスクがどんどん建設されていました。

モスクに入るときは右足から、トイレに入るときは左足から

大学の日本語の授業で漢数字を学生に教えていたとき、私は学生にたずねました。「日本人は数字に縁起をかつぐことが多いです。「四」や「九」は「死」や「苦」を表す音と同じなので好まれず、末広がりの形をした「八」は縁起がよいと考えられているけれど、イスラーム教徒

はどう考えていますか」。

　すると学生は「イスラーム教徒にとってはすべて神様がつくった数字なので優劣はありません。ただし偶数より奇数を好みます。特に「1」は良い数字だと考えています。なぜならアッラーは唯一の神であり、唯一であることに価値があるからです」と答えました。

　食べ物の数も奇数が好まれます。たとえば「預言者ムハンマドはラマダーン（断食月）の間、日中の断食が終わったときに奇数個のナツメヤシの実（デーツ）を食べた」と伝わっており、教徒もこれにならうように教えられています。

　UAEの場合は7首長国が連合して国になっているので7も好まれます。

　アッラーが99の属性を表す別名を持っていることから99も好まれるようです。属性を表す別名には「創造者」「許す人」「与える人」「全知の人」「正義の人」「至高の人」などがあります。99の別名にちなむ品物はいろいろあります。たとえば99の名前がすべて書いてある壁掛けです。UAE人のお宅にいくと、この壁掛けが飾ってあるのをよく目にします。

　食事は右手で食べ、トイレでは不浄な左手を使う、ということは日本人にもよく知られていますが、左右はいろいろな場面で日常的に意識されています。たとえば催事場の観客席では右半分が男性席、左半分が女性席になっているときがあります。モスクに入るときは右足から、モスクから出るときは左足から、トイレに入るときは左足から、トイレから出るときは右足からなど、入る場所が清浄か不浄かによっても左右の足の使い方が違ってきます。

方角は、特に良し悪しを気にしないそうですが、礼拝のときだけは別です。礼拝はイスラームの聖地マッカ（メッカ）のカーバ神殿の方角に向かってします。この方角はキブラと呼ばれています。UAEでは、ホテルの客室の天井や机の上に小さな矢印のマークが貼ってありますが、この矢印はキブラを指しています。

この方角は神聖なのでトイレはカーバ神殿に向けて作ってはいけないそうです。日本ではトイレの設置を避けるべき方角として鬼門がありますが、イスラーム教徒も日本人もトイレに対して考慮しなければならない共通点があるのがおもしろいです。

香りが大好きなアラブ人

「モスクに入る前に食べてはいけない」とされているものは、にんにくなど強い匂いを発する食べ物です。大学院生ムスアブ君は「モスクでお祈りするとき、すぐ近くに隣の人がいることがあるので口臭には気をつけている。モスクに行く前はにんにくを食べるな、とお父さんに小さいとき教わった」と言っていました。

イスラームの教えでは歯磨きが励行されているので、ＵＡＥ人のみならず、アラブ人は口臭に気を遣います。

アラブ料理屋で料理を頼むと、ミントの葉が出てきます。「食事の最後にはミントを噛んで口臭を消すといいですよ」と店員は教えてくれました。

レバノン、シリアや北アフリカの料理を出す店で飲めるミントの葉入りレモンジュースはアラブ人が好む飲み物です。地中海沿岸で豊富に取れるレモンやライムのざく切りとミントの葉を氷の入ったジューサーにかけ、それにシロップまたは砂糖と水を加えればできあがりです。暑い季節にのどを潤してくれますが、その効果以外にも口臭を予防する食品として好かれているのかもしれません。

体臭にも気を配っています。イスラーム教徒にとっての香水は「神が好まれるもの、神がそれをつけることを勧めるもの」という存在です。「人が集まるところには香水をつけていくことが望ましい。モスクに行くとき、特に多くの人が集まる金曜日の礼拝やイスラーム祝日の礼拝は、香水をつけていくことがよりいっそう望まれる。香水のよい香りはみんなをよい気持ちにさせるから」と教わります。

何人かのイスラーム女性教徒からは「夫を喜ばせるために香水をつけるのよ」と聞きました。

あるUAE人邸宅内の洗面所には数本の大きな香水のビンが並んでいます。手を洗ったあと、どの香水を付けようか迷ってしまう、という楽しみがあります。

UAE人の場合、アラブの伝統的な乳香や香木の香りも好きですが、ヨーロッパの高級ブランド香水も大好きです。

日本大好き青年ハマド君の車には、運転席の脇のボックスに男性用のブランド香水が何本もぎゅうぎゅうに詰まっています。たいていの人はこのボックスをペットボトルや小物を入れるために使いますが、ハマド君のボックスは他の物を入れる余地がありません。「何でこんなに香水のビンを持ってるの?」と聞くと、ハマド君は「香水が大好きだから、渋滞のときいろいろな香りを試して楽しんでいるんです」と嬉しそうに答えました。

ハマド君以外に車内にいた私を含む三人は、それを聞いてハマド君の香水コレクションでいろいろな香りを試し始めました。車内は香水が混じったえも言われぬ香りで充満し、きつい香りの競演に頭がクラクラして車酔いしそうになりました。

UAE人と一緒にいる、ということは、香りとともにいることとほぼ同義です。男性でも女性でもUAE人が降りた直後のエレベーターに乗ると、強烈な残り香があります。すれ違ったあとも数秒間その香りは残っています。

ん〜
イイ香り〜

ザーイド大学ドバイ校にも大きな香水ショップがあります。高級ショッピングモールでも庶民的な市場でも香水ショップは何店かあり、いつも客が出入りしています。

女子学生フルードさんは「小学生のとき地元の香水工場へ社会見学に行った」と言っていました。「楽しかった?」と聞くと「楽しくなかった。くさかった。でもおみやげに香水をくれた」と答えました。UAE人にもくさい匂いは我々には想像を絶するきつい匂いでしょう。しかし、親にとっては子供が貰ってきたおみやげの香水が嬉しかったかもしれません。

UAEの人々は焚き香も好みます。日本の伏せ籠のような木製の小さなやぐらの下に樹脂からとれた香料を置いて火にあて煙をくゆらせます。伏せ籠の上に衣服をかけておくと、煙の香が衣服に移ります。香がついた服を着ると優雅な気分に浸れます。日本ではその昔、貴族階級や武家が伏せ籠を使っていたようですが、UAEでは今でも現役です。

UAE人からもらう予期せぬプレゼント

女子学生ヘッサさんが「親がサウジアラビアのマッカ(メッカ)に巡礼に行ったときのおみやげです」と言って私に「マスバハ」という数珠をくれました。マスバハは仏教の数珠に似ており、英語ではロザリーやビーズと呼ばれています。

「マスバハの玉（ビーズ）はいくつあるか知っていますか？」と聞かれ、わからなかったので数えたら99個でした。これは、神が99の属性の名前を持つことに由来しているそうです。33個ごとに目印になるようなビーズが入っています。全部でビーズが33個ついているマスバハもあり、これは11個ごとに目印になるようなビーズが入っています。

イスラーム教徒にはマスバハを使わない人もいますが、UAE人は一般にマスバハを好んで使っています。一人でいるときに、玉をひとつずつ指で押さえながら神の属性の名前や神を賞賛する言葉などを唱えます。同じ賞賛の言葉を99回繰り返してもいいし、それぞれ違う賞賛やお祈りの言葉を唱えてもよいそうです。

マスバハをもらってから、同じものが時折タクシーのルームミラーにかかっていることに気付きました。パキスタン人が運転するタクシーです。イスラーム教国であるパキスタンからは多くの人がドバイに働きに来ています。後日、UAEのおみやげ屋でもいろいろな色や大きさのマスバハが売られていることを発見しました。

大学事務職員のシャイマさんからもマッカで買ったというおみやげをもらいましたが、こちらは不透明なボトルに入った水でした。神道《しんとう》にも仏教にも聖水があるように、イスラームにも聖地から湧き出るザムザムの水という聖水があるのを知りました。ボトルが入っていた紙箱にはアラビア語で「世界で最も純粋な場所から採れた最も美しいプレゼント」と書いてあります。ザムザムはサウジアラビアのマッカにある泉の名前で、イスラーム教の預言者の一人とされるイブラーヒーム（英語ではアブラハム）の妻ハージャルがこの泉を見つけたとされています。無色透明で無臭のザムザムウォーターはミネラル水で、飲めば飢えをいやし、傷につければ傷を癒す、決して腐ることのない水だそうです。

ＵＡＥ人はマッカに行った際、ザムザムウォーターを大量に購入してきて自宅に保存したりプレゼントとして配ったりしています。ザムザムウォーターはオンラインでも買えることが調べたらわかりました。それでも、イスラーム教徒でない私は聖地マッカに入れないだけに、聖地から直接持ち帰ってくれた聖水は、貴重なおみやげです。

マッカの巡礼から帰ってきた学生ジアード君の家族からは、イスラーム教徒が礼拝のとき床に敷くマットをもらいました。モスクの絵が織り込まれた美しいマットです。

学生のルカイヤさんは私が日本に帰国する際のお餞別としてクルアーンの朗読が録音されたＣＤをプレゼントしてくれました。

誕生日にはよく香水やアラブ独特のお香をもらいました。前節のハマド君ほどではないにしろ、お香コレクションと呼べるぐらいの量になりました。

ＵＡＥ人には文房具や食器や電気製品など、日本人からもらうようなプレゼントももらいました。しかし同時に、イスラーム関連の品もよくもらいました。私がイスラーム教徒でないのを知っていてもイスラームグッズをくれることに、彼らの強い宗教心を感じました。

「マーシャーア・ッラー」――イスラーム教徒の決まり文句いろいろ

体調を崩して寝込んだあと、数日振りで大学に行ったら学生たちに「元気になったんですね、よかった、マーシャーア・ッラー」と盛んに言われました。「マーシャーア・ッラー」は「神がお望みになられる限り」というような意味で、アラブ人は会話の中でしょっちゅうこの言葉を使います。

会話の相手によいことがあって、それを祝福する気持ちを伝えるときも「おめでとう、マーシャーア・ッラー」とか「よかったね、マーシャーア・ッラー」のように使います。この言葉によって「神がお望みになって、あなたにはよいことがもたらされたのですね」というような意味が加わるようです。

「イン・シャーア・ッラー」という言葉もアラブ人がよく使います。これは「アッラーの御心のままに」というような意味です。

たとえばドゥアーさんに向かって「ドゥアーさんは来年卒業するんだよね」というとドゥアーさんは「はい、そうです。イン・シャーア・ッラー」と答えます。この場合の意味は「卒業する予定だけれどまだ100％確実ではない。このまま神のお守りがあって無病息災で過ごせ、試験に合格できれば卒業です」ぐらいになると考えられます。

イスラームでは、未来のことはすでに神によってあらかじめ定められていると考えられています。「未来はこうなる」と人間が決定することはできないので、神への敬意や畏怖を示すため、未来のことを話すときはイン・シャーア・ッラーをつけるのです。

イン・シャーア・ッラーは「自分が何かをしない、できないときの言い訳として使う」と解釈する人もいますが、アラブ人と約束するときに相手が「イン・シャーア・ッラー」を使ったからといって「相手が約束をうやむやにしているのでは？」と必ずしも否定的に捉える必要はありません。

食事の前後も決まり文句があります。女子学生たちと食事をはじめるときに私が「いただきます」と言って食べ始めたら、彼女たちは「イスラーム教徒は食事の前にビスミッラーと言うんですよ」と教えてくれました。これは「神の御名《みな》において」が本来の意味ですが、「はじめさせていただきます」「神様のおかげではじめることができます」というような意味合いが込められているようです。何かをはじめるときも「ビスミッラー」と言います。

食事を食べ終わったとき、学生たちは「アル・ハムドゥッ・リ・ッラー」と言います。これは「神に讃えあれ」という意味で、何かが終わったときに「神様のおかげで無事終わった」という気持ちを込めて使います。

これらの決まり文句すべてに「アッラー」という言葉が含まれています。

「アラビア語は楽園で話されている言葉なんですよ」と学生に教えられ、私は興味を持ってアラビア語の勉強をはじめました。ところがUAEは多国籍社会なので、町の道路標識や飲食店のメニューはほとんどすべてアラビア語と英語の二ヶ国語表記です。しかも若いUAE人は英語が堪能です。そこで私はアラビア語を読む必要も話す必要もなく、いっこうにアラビア語は上達しませんでした。しかし、アラビア語の決まり文句だけでも発するとイスラーム教徒に喜んでもらえ、そのあとの会話がスムーズにすすみました。

第二章

食材と料理

⚜アラブ人の家を訪れる際のもてなし――デーツとアラビックコーヒー

ＵＡＥ人のお宅を訪問すると、「どうぞ」と言ってまず出してくれるのが「デーツ（ナツメヤシの実）」です。

デーツはみずみずしい果実のままでも乾燥させた状態でもおいしく食べられます。クルアーンの中にもデーツはしばしば登場します。「楽園に実っている果実（第55章68節）」であり、「イスラームの預言者の一人とされるイーサー（キリスト教ではイエス）を身ごもったマルヤム（キリスト教ではマリア）が神に食べることを勧められた（第19章25～26節）」果実でもあります。赤ちゃんが生まれたときに最初に食べさせるものとしてすりつぶした完熟デーツが与えられることもあるそうです。

焼けるような暑さの不毛な砂漠地帯で、わずかな水分でも生きられるナツメヤシの木は、何千年も前からアラブ人の栄養源として大切に育てられてきました。乾燥させたデーツは何年も保存が可能だそうで、ＵＡＥ人宅ではデーツを常備しています。アラブ人とデーツの縁がどれだけ深いかは、アラビア語でナツメヤシの木を表す言葉が数百種類以上もある、ということが示しています。

庭付きの家に住んでいるＵＡＥ人は、たいていナツメヤシの木を植えています。ＵＡＥや周

ウチで獲れた
デーツです

辺諸国の中流以上のホテルでは、客室やロビーに無料でデーツを用意していますが、「うちで獲れたデーツですよ」と言われてUAE人宅で食べるデーツが最高においしいです。

ナツメヤシの木は季節の変化も教えてくれます。冬先には薄緑色をしたナツメヤシの新芽が吹き出します。それが6月も下旬になると実の房がたわわになっているのが見えるようになります。熟したデーツの回りは、甘ったるい香りが漂います。8月下旬になると、実が収穫されて房が取りはらわれスカスカになっています。

飲み物はアラビックコーヒーを出してくれます。これは日本人が客の来訪を受けてまず日本茶を出すのに似ています。

アラブ人はコーヒーを世界で最も古くから飲んでいる民族のひとつです。アラビア半島の南端にあるイエメンがコーヒー豆の産地なのでアラビックコーヒーとアラブ人の関係はとても長いと言えます。

アラビックコーヒーはそれぞれの家庭に好みの濃さやスパイスの味付けがあるそうです。カルダモンの粒をすりつぶした粉が入っていることが多く、コーヒーを作っている台所ではコーヒー豆とカルダモンの芳香が充満します。ターメリックやローズウォーターを入れることもあります。

亭主はアラビックコーヒーのカップを必ず右手で渡し、客も必ず右手で受け取ります。私がカップを左手で取ろうとしたら「右手で受けとるものですよ」と教えられました。イスラームでは左手は不浄の手なので、食べるときはなるべく右手を使うのです。

しかし、現在ではフォークとナイフを使って食べる洋式もＵＡＥに定着しており、その場合は左手を使っていますので、食事中に絶対左手を使わない、ということではありません。ただし、食品そのものは左手で触れないようにしています。

ザムザムウォーターを出してくれるお宅もあります。「大切なものだから、気をつかわないでください」と言っても、「お客様に飲んでもらうためにとってあるから」と言って惜しみなくグラスについでくれます。

イスラーム教徒はもてなしをとても重要なことと考えており、客人が気持ちよく過ごせるようさまざまな配慮をします。

応接間のすみや玄関先ではたいてい香を焚いており、家の中にはやわらかなよい香りが漂っています。ＵＡＥ人のお宅を出たあとに日本人に会うと「アラブの香りがする」と言われました。ＵＡＥ人のお宅に行ったことはすぐにわかってしまうようでした。

⚜食べてよいもの、悪いもの――寿司飯の酢もダメ？

「学生たちが日本に行ったときに使う日本語」というテーマのもと、大学の授業でレストランでの会話を練習していたときです。

イスラームについての知識が浅かった頃、私はイスラーム教徒が口にできないのは「豚肉とお酒」だけだと思っていたので「牛丼をください」「（鶏肉の）親子丼をください」などという会話文を作っていました。

しかし、女子学生にこう指摘されました。「牛肉や鶏肉でも、イスラームにのっとった屠畜《とちく》方法で殺された肉でなければ、食べてはいけないのです。日本の屠畜の仕方はイスラーム方式ではありません。ですから神が望まれない食品になるので私たちは食べられません」。

イスラーム法において合法な物事を「ハラール」、非合法な物事を「ハラーム」ということもそのとき習いました。日本の屠畜方法はハラールではなくハラームなので、厳格なイスラーム教徒は日本であらゆる動物の肉が食べられないことも理解しました。

「動物の肉がダメでもシーフードピラフやシーフードスパゲティ、えびフライは大丈夫だよね」と私が言うと、「海の生き物は食べてもよいですが、ラードなどの動物性油脂を使っていたら食べられません。それに植物性油脂を使っていたとしてもハラームの動物の肉と一緒に揚げた魚や野菜は食べられないんです」。それを聞いて私は心の中で、「魚類や野菜でも食べられない場合があるの?」と叫んでいました。

「肉を揚げたときに使った油と同じ油で野菜や魚を揚げていませんか? と日本語で聞くにはどう言えばいいですか」

「そんな複雑な日本語がしゃべれるなら、もう日本語を習わなくてもよいレベルでしょう」と内心思いつつ、初級の日本語学習者が話せる文章を試行錯誤しながら考えて、丸暗記してもらうことにしました。さっそく学生たちは口々にその文を繰り返しています。食べることに関する文なら必死で覚えるようです。

「日本に行ったら寿司を食べなくちゃね」と言うと、「日本の寿司飯にはアルコール入りの酢が使われているかもしれないので、食べられません」という学生がいました。調べてみると、確かに寿司酢の原料にはアルコール成分が入っている場合もありました。

「具が野菜だけのお味噌汁は飲めるよね。納豆にも挑戦してみる?」と聞いたら、今度は大豆が問題になりました。「遺伝子組み換え食品は食べない方がよいとされています。日本の大豆は大丈夫でしょうか」。UAEでも大豆製品は遺伝子組み換えのものが多く出回っており、パッケージに遺伝子組み換えでないことを明記していない限り、その食品を食べないイスラーム教徒がいます。

話題を変えて「日本のお菓子はおいしいから食べてみてね」と言うと「お菓子にゼラチンとお酒が入っていなければ食べたいです」と言われました。ゼラチンはたいてい豚肉を含むので「疑わしきは食べず」の彼らには拒否されます。また、ケーキやチョコレート類には酒類が含まれている物が多いので要注意です。

日本の食べ物には、日本酒やワインが調味料として含まれる料理が多くあります。化学調味料にはたいてい豚肉エキスが入っているし、みりんにもアルコール分が入っています。イスラームで避けるべき食品が何と多いことでしょう。ハラームの食材がまったく使われていない食品を日本で探すのは至難の業です。

ハラームになるのは食材だけではありません。一度アルコールを入れたカップや豚肉を切った包丁、まな板、それらを入れたお皿やコップも不浄のもの、つまりハラームになります。学生たちは日本に来たらあれもダメ、これもダメ、で飢えてしまいそうです。

しかし、イスラームには「旅行中食べ物に不自由する場合、本来は好ましくないものでも摂取してよい」という教えがあります。そこで多少の禁忌《きんき》項目には目をつぶってもらうことにし、学生たちには肉の入っていないうどん・そば類、魚介類の食べ物リストなどを教えました。

なお、「イスラーム教徒が作った食品しか食べない」というイスラーム教徒がいます。さらに極端なケースとして「家で母親やイスラーム教徒のメイドが作ったものしか信用できないので、基本的にはそれしか食べない」というイスラーム教徒もいます。ザーイド大学にもこのような学生がわずかながらいます。彼女たちは学食で炭酸飲料やフルーツジュースなどの飲み物は買いますが、食事は買わず、家から持って来たお弁当だけを食べています。

⚜キリスト教徒が扱った肉なら食べられる？

日本でもおなじみになっているファーストフードチェーンの数々は、アラブでも年齢や性別を問わず人気があります。中でもマクドナルドは一番集客能力が高く、店の前にはいつも行列ができています。

日本を旅行で訪れたＵＡＥ人も多くがマクドナルドに行きたがります。「ＵＡＥにもマクドナルドはたくさんあるのだから、日本にしかないところで食事をしたら？」と提案すると、「マクドナルドの肉はオーストラリア産かニュージーランド産だから安心なんです」と言います。「どうしてオーストラリア産かニュージーランド産の牛肉なら食べられるの？」と聞くと、「オーストラリアとニュージーランドはキリスト教国だから」と答えました。

「オーストラリア人やニュージーランド人はイスラーム式に屠畜しないんじゃない？」と重ねて聞くと「キリスト教徒は啓典の民だから、彼らが屠畜した肉はハラール・ミート、つまりイスラーム法で合法な肉になるので食べても大丈夫です」と言います。啓典の民とは、神から啓示された書物を持つ民のことで通常ユダヤ教徒、キリスト教徒を指します。

イスラーム式屠畜では、教徒が屠畜する際に神にささげる決まり文句を発し、動物の頚動脈《けいどうみゃく》をスパッと切って即死させます。

「イスラーム教徒ではない私が100％イスラームの教えにのっとった屠畜方法で牛や羊を殺したとしたら、その肉をイスラーム教徒は食べられるの？」と聞くと、「イスラーム教徒ではない人がイスラームの神に捧げる言葉を発してもそれは本心ではないから、食べられない」と言われました。

アメリカから輸入された牛肉を日本旅行中に食べているUAE人もいました。食肉化したアメリカ人はキリスト教徒であるという前提です。

イスラームには「旅行は非日常なので、教徒はハラールの肉が手に入らなければ、ハラール以外の肉でも食してよい」という教えがあります。ですから、ハラールの肉を提供するレストランが数少ない日本において、イスラーム教徒は妥協して日本式に殺された肉を食べても罪に

はなりません。それでもマクドナルドを選ぶということは、その肉を信頼しているというよりもただ単にマクドナルドが好きなだけのかもしれません。

⚜イスラーム行事で食卓を飾る動物——ラクダと羊、ヤギ、牛

イスラーム教の行事、すなわちラマダーン（断食月）明けの祭りや、出産などのお祝い事に屠畜する動物は、牛、ラクダ、羊、ヤギのいずれかと決まっています。日本人もよく食べる牛以外の動物について、UAEでいろいろなことを学びました。

ラクダは紀元前からアラビア半島で飼われていたそうで、アラビア語の名前がたくさんあります。現在UAEにはラクダレース用のラクダだけでも、1万頭以上います。

庶民的な地域にあるスーパーマーケットには精肉コーナーでラクダ肉が売られています。腸、レバー、足などいろいろな部位に加えて頭蓋骨も売られています。大きいラクダの体からは想像もできないほど頭蓋骨は小さくて細い形状です。ラクダのおかしらの値段は約300円。他の部位の肉も牛肉や羊肉より安いです。北アフリカ出身のアラブ人がラクダ肉を買っているのをよく見かけました。

ラクダ肉は昔から今に至るまで、結婚パーティやイスラームの祝日など特別な行事があると

きに食されてきました。他に食べ物がなくなってしまったときの非常食でもあったそうです。しかし現在、ラクダ肉が使われる機会は少なく、ラクダ肉を食べたことがない、という若者は都市部にたくさんいます。現在のUAE人が一番好きなのは牛肉です。

ラクダ肉の味については、UAEの山間部に住むジュムア君が「牛肉を固くした感じで、ガムのような歯ごたえ」と言っていましたが、私も同感です。脂身が多く少々臭みがありますが、十分食べられます。ひき肉になっていれば硬さも気にならずおいしく食せます。

ラクダは肉だけではなく、ミルクも売られています。UAEにはラクダのミルクを製造販売している会社があり、スーパーマーケットではペットボトル詰めになって並んでいます。ミルクの味は独特で安いキャラメルのようでもあり、臭いはそれほど感じません。数回飲むと少しずつ慣れてきますが、日本人に馴染む味ではないでしょう。

ラクダミルク製造会社の宣伝によれば、ラクダミルクは牛乳より低脂肪、ビタミンCが牛乳より5倍も豊富、コレステロールの燃焼を助ける作用があり、体内の免疫システムを高め、カルシウムも多く含まれるので妊婦にも最適、などよいこと尽くめです。ただしラクダミルクも人気のある飲み物ではなく、飲んでいるのはたいてい砂漠の遊牧民ベドウィンの血を引く人々です。

近年はラクダミルクを使ったチョコレートも登場しました。観光客用のおみやげとして話題を集めています。

ラクダは人間や荷物を載せて働き、ミルクを供給し、食べ物にもなってくれ、骨や皮は生活用品として加工される、ありがたい動物です。

羊肉（ラム、マトン）は、ＵＡＥで大量に消費されています。ベドウィンの集落ではたいてい羊を多数飼っており、ＵＡＥではどのスーパーでも羊肉を売っています。羊の舌や脳みそを売っているスーパーもあります。脳みそは炒めたり、シチューに入れたりして使います。脳みそは白子のようなコクのあるねっとりとした食感でした。

ヤギは乾燥地帯で生きられ、食事量が少なく飼育が簡単なので、多くのＵＡＥ人が家や郊外の別荘で飼っています。辺境に行くと野生のヤギもいます。肉を食べるだけでなく、ベドウィンの血筋の家族では、ヤギ乳（ゴートミルク）も飲んでいます。ヤギもラクダと同様に砂漠の民にとって大切な動物です。

あばら骨や頭蓋骨がご飯の上に載っている、ワイルドなアラブ料理

お坊ちゃま育ちの社会人アフマド君に、地元の人に人気のある庶民的なアラブ料理屋など

こ？　と聞いたら教えてくれたのがイエメン料理屋でした。

イエメンは古代ギリシャより古くから存在し、シバの女王の出身地とも考えられている、アラブで最も古い国のひとつです。

人気メニューのマンディは、カルダモンなどの数種類のハーブとともに焚いた味付けご飯の上に煮込んだ肉の塊がドカーンと載っている野性味あふれた一品です。店によっては焼き飯にスプーンが突き刺さって出てきて、さらに野性味を増してくれます。肉は牛肉、羊肉、鶏肉、魚があります。どの肉でも十分煮込んであるので臭みもなく、やわらかくてフォークで骨をそぐと骨から肉がすらすらとはがれていきます。

マンディはＵＡＥ人、特に男性に親しまれている料理のひとつです。モスクの近くにはたいてい食堂がありますが、そのような食堂ではメニューにマンディがあります。また、マチュブースというマンディに似た料理も人気があります。サウジアラビアではカブサと呼ばれているものです。マチュブースはご飯がトマト風味になります。インド料理にもマンディと似たビリヤーニという料理がありますが、これもＵＡＥで人気があります。

アラブの伝統的な食事スタイルは、靴を脱いで床に座り、床に食器を置いて食べます。アラブ料理屋には床に座る伝統的な客席と、椅子とテーブルがある西洋的な客席の両方があります。

日本の和食屋で、座敷席とテーブル席が両方あるのに似ています。伝統的な客席はじゅうたんが敷き詰めてあり、ソファやクッションはアラビア半島で好まれる黒や赤が多用された幾何学模様で統一されています。お料理を運んで来た店員はぺらぺらな使い捨てビニールシートをじゅうたんの上に敷き、その上にてんこ盛りになったお皿を置いていきます。

男性3人組が座っている席には、直径60センチほどの大きな銀色のお皿に信じられないほどの量のご飯と肉が載った料理が運ばれてきました。よほど重いのでしょう、店員が二人がかりで抱えてきました。

あんなに食べきれるのかと思ってちらちら観察していると、見る見るうちにお皿の表面が見えてきます。アラブ人はよく食べます。体が縦にも横にも大きい人が多いのが納得できます。

アラブ人男性にはナイフやフォークを使わず手で食べている人がたくさんいます。インドやその周辺の国の人々と同じです。右手だけで肉片を含んだご飯をきゅっきゅっと器用にすばやく軽く握り、そのまま手を口に運びます。不浄の左手は使いません。女性は外出先では手を使わない人が多いですが、家では使っていることもあるようです。

数十人が集まるUAE人のホームパーティでもワイルドな料理が出てきます。あるお宅で開かれたパーティでは直径1メートルはあろうかという銀色の大皿に羊肉の炒めご飯が盛られて

ドーン

いました。最初はご飯に混じって肉が見え隠れしていました。しかし、みんなが自分の取り分をすくっていくうちに、肋骨《ろっこつ》が見えてきました。羊の胴体の丸焼きでした。だんだん骨格があらわになってきて、骨の発掘をしている気分になってきました。

となりの大皿にはヤギ肉の炒めご飯が置かれました。これは頭蓋骨がご飯の上にでーんと載っています。羊の炒めご飯もヤギの炒めご飯もとてもおいしかったのですが、あばら骨と頭蓋骨を目の前にして食べていると自分が原始人になったような気がしました。

この料理を食べた夜、夢に動物の頭蓋骨が出てきました。

⚜豚肉を一切売らないイスラーム教国もある

「今度出張でドバイに行くんだけど、空き時間に連れて行ってほしいところがある」とUAEの隣国カタールに住んでいる日本人の友人、鈴木君から電話がありました。首都ドーハで働いているビジネスマンです。「どこに連れて行ってほしいの？　世界最大級のショッピングモール？　世界一高いビルの展望台？」と聞くと、「そんな観光名所には興味がない。行きたいのは、スーパーマーケットの豚肉コーナー。豚肉が食べたい」。切実な声で訴えてきました。

クルアーンでは豚肉は不浄であり、食することが禁止されています。理由は書かれていないそうですが、イスラーム教徒は神の教えをそのまま受け入れており、豚は食べません。

　ドバイでは外国人の非イスラーム教徒用に豚肉を売っていますが、豚肉の扱いは国によって違います。UAEの周辺諸国については、サウジアラビア、カタール、クウェートでは豚肉を売っていません。オマーンとバーレーンでは売っています。

　UAEの場合は首長国によっても違います。UAEは7首長国で構成されていますが、ドバイ首長国の隣のシャルジャ首長国では豚肉を一切売りません。

　シャルジャ以外の首長国でも肉を扱うすべての店で豚肉が買えるわけではありません。豚肉が買えるのは、首長国政府から豚肉販売の許可を受けた、外国人客が多い一部のスーパーマーケットのみです。豚肉を扱うスーパーマーケットでも豚肉は他の肉（牛肉、鶏肉、七面鳥、羊肉など）とは別の目立たない場所で売られています。

　ですから鈴木君は、限られた時間の中でお目当ての豚肉を確実に買えるスーパーマーケットに行くために私に連絡をしてきたのです。鈴木君をスーパーマーケットに連れて行くと、彼は念願の豚肉を見て、長い間会いたかったけれど会えなかった旧友にやっと会えたがごとくに喜んでいました。キッチン付きのホテルに泊まる彼は「今夜は豚肉を調理する」と言ってホクホク顔で去って行きました。

ＵＡＥではレストランでの豚の取り扱いに関しても厳しく、首長国政府から許可を受けているホテルの飲食店のみ豚肉を調理できます。ＵＡＥで食べる豚肉はすべて他国からの輸入品なので新鮮ではなく賞賛できる味ではありません。しかし、豚肉がまったく手に入らない国に住んでいる日本人のことを思えば我慢しなくてはなりません。

魚肉や軟体動物に関しては、食べてよいかどうかについてイスラーム教徒の間で意見が分かれます。ドバイの魚市場に行ったときのことです。ベビーシャークと呼ばれる子ザメが売られているのを見ました。翌日大学で「フカヒレは知っていたけれどサメ肉が食べられるとは知らなかった」と私の驚きを食通の女子学生サルワさんに伝えました。すると彼女は「サメを食べないイスラーム教徒もいます。サメは人間を食べるので不潔である、うろこがないので魚とはみなさない、などの理由で避けています」と教えてくれました。一方、「サメ肉はＵＡＥ近海で豊富に獲れ、価格も手ごろな上、新鮮なサメ料理を食べると力がつき性欲を高めるという言い伝えがあるので、好んで食べる人もいる」とウマル君は教えてくれました。ウマル君はＵＡＥの隣国オマーンとの国境に近い海岸に住む若い警察官です。

「海から獲れた生物なら何を食べてもＯＫ」と考えるイスラーム教徒もいますが、「イカやタコはうろこがないので食べない」というイスラーム教徒も多くいます。「生ものは避けるべきと教わっている」と言って寿司や刺身を食べないイスラーム教徒もいます。

飲酒はイスラームで禁止されています。日本語授業の会話練習中、緊張していた学生がいたので彼女を励ますつもりで「緊張しなくていいのよ。私はアルコールを少し飲んだときが一番外国語をスラスラと話せます。頭で考えなくなるからね。アハハハハ……」と言ったら学生たちは何と反応してよいかわからず固まってしまいました。飲酒は成年・未成年という問題ではなく禁止されていることを忘れていたのです。大失言でした。こういうときはすぐに話題を変えます。ひな祭りのことを学生に説明していたときも、白酒のことを話したら「少女でもお酒を飲むんですか」とびっくりされたことがありました。「白酒は形式的に飲むだけですよ」と解説しましたが、日本の物事を説明していると、神前式の結婚式をはじめ伝統行事には日本酒を使う機会が多いことを改めて実感します。イスラームでは神が酒を忌むべきものとしているのに対し、日本の神道では御神酒《おみき》として神に捧げるのですから、イスラーム教徒には驚くべき習慣に違いありません」。

ＵＡＥ人は飲酒をしているイスラーム教徒に対してよい印象を持ちませんが、他人の行動にはあまり干渉しません。一方、イスラームには他のイスラーム教徒の間違った行為を積極的に直すべきだという考え方もあります。ですから人によってまたは国や地域によって、イスラームの規則に従っていない人に対する対応は違います。

お酒の販売や所持が一切禁止されている隣国サウジアラビアと違い、ＵＡＥでは外国人用に酒屋があります。酒屋を利用したい場合は政府に申請して利用許可証を交付してもらいます。また、飲酒ができる飲食店もあります。それらの場所は外国人でにぎわっています。しかしイスラームに関係のある休日はこれらの場所でもお酒を出しません。酒屋も閉店です。ただし家で飲む分にはおとがめはありません。

第三章　イスラームの成立と制度

⚜人を素直にさせる砂漠――その圧倒的な存在感

大海原のようにはてしなく続く砂漠にたたずむと、人間の力の及ばない圧倒的な力を感じます。本格的な砂漠は、大きな起伏を持った砂の山が連なり、一つひとつの砂山の高さは数十メートルから数百メートルもあります。

日のあたるところは目を開けていられないくらいのまぶしい太陽光線があたり、日のあたらないところは昼でも黒々とした影ができます。砂漠地帯の太陽光線はあまりにも厳しくて、ぼんやりした影や灰色の影というあいまいな存在を許しません。白い光と黒い影という明暗のくっきりしている砂の山は色彩豊かな絵画に勝るとも劣らない美しさです。

砂漠は朝、昼、夕方、夜で姿を変えていきます。吹き続ける風は、砂山の形を少しずつ変えていき、太陽の反射角度によって砂の表面の色も変化を見せます。

砂漠の温度は真夏で約50度、冬でも日中は30度近くになることがあります。頭を覆うことができる植物や建物が何もないので、砂漠ではじっとしていても激しく渇水し体力を消耗します。本格的な砂漠には草も生えておらず、虫も見当たりません。生命の存在を感じられず、死を想起させます。

風が吹いていない場合、砂漠には音がほとんどありません。白い雲だけがその影を砂漠の上に落としながらゆっくり移動していくだけです。夕方は風が生じるので風と風に舞う砂の音が聞こえますが、太陽が真上に来る時間帯は何もかもが静止しているように感じます。

夜の砂漠は吸い込まれてしまいそうな暗闇です。昼の砂漠も静寂が支配していますが、夜は静寂な上に視界の先が見えない恐ろしさがあります。本格的な砂漠は起伏が激しく、山あり谷ありの凹凸が続きます。ＵＡＥの砂漠の砂はとてもやわらかく、ズルズルと滑ったり足がめり込んでいく部分があり危険です。

夜の砂漠は懐中電灯で照らした足元の砂以外何も見えません。足元の先の砂漠は闇と溶け込んでただ黒いばかりです。見えるのは遠くにかすむ街の灯り、そして夜空の月と星のみです。砂漠の中をさらに進めば街の灯りも見えなくなるでしょう。しかし、その景色は無機質なようでいて、意外にも無機質に感じませんでした。砂のぬくもりを感じたからです。昼間ははだしで立っていられないほど暑い砂漠も、夜は昼より10度ほど気温が下がり、冬場の砂漠では10度代になります。それでも砂の中に手を突っ込むと暖かいのです。その暖かさが、夜の砂漠を居心地のよい場所に変えてくれます。砂のぬくもりは何か大きなものに包まれ守られているような気にさせます。

現在のＵＡＥでは都市化が進み、車で１時間以上ドライブしないと本格的な砂漠にたどり着きません。それでも灼熱の砂漠が身近である環境はイスラームが生まれた7世紀と同じです。

隣国のサウジアラビアやオマーンまで続く巨大な砂漠を見つめていると、砂漠の民の原点に触れることができるような気がしてきます。

UAEには海も砂漠もあります。現在のUAEを含むペルシャ湾岸沿いの原住民は、小規模な海洋貿易や漁業に携わりながら過酷な自然環境で生き延びてきた人たちです。そのため今でも海を心のふるさとと感じているUAE人は少なくありません。その一方で、砂漠を心のふるさとに感じているUAE人も多数います。ドバイに住む日本人には「海より砂漠のほうが落ち着けるから好き」という人が何人もいます。私もその一人です。

人間の存在がちっぽけに感じる砂漠で、人は謙虚で素直な自分になり、雑念が取り払われるのかもしれません。昼間は人を厳しくはねのけ、夜は人を抱擁するような砂漠にて、人々は人間をはるかに凌駕する神の存在を受け入れ、神への信仰を熱心に普及させるという行動に駆り立てられたことが、砂漠にたたずむとすんなり理解できました。

⚜イスラーム暦（ヒジュラ暦）と祝日

UAE人が住む住宅街では、毎朝多くの車が行き来します。玄関先にはスクールバスを待つ幼い子供たちや自家用車で仕事や大学に出かける大人が、急いで家を飛び出していく姿が見られます。

しかし、金曜日の朝は普段騒がしい通りも静まりかえっています。UAE人は正午前後にある集団礼拝に行くまで家でゆっくり休んでいるからです。イスラームでは金曜日が「集会の日」となっており、金曜日の集団礼拝は一週間の中で一番大事な礼拝です。平日は忙しくてモスクに行けない男性も、金曜日にはモスクの集団礼拝に参加します。

約1時間の集団礼拝を済ませると、UAE人の週末が始まります。男性たちは礼拝のあと、たいてい家族・親族や友人同士で集まって食事をします。UAE人女性は集団礼拝の時間、たいてい家で礼拝をします。

GCC諸国では学校や会社は金曜日と土曜日が休日です。GCC諸国とは石油や天然ガスを埋蔵する経済的に豊かなアラビア半島の6ヶ国で、バーレーン、クウェート、オマーン、カタール、サウジアラビアとUAEを指します。この6ヶ国は他のアラブ諸国に比べて歴史が新しく文化もよく似ています。GCC諸国では以前は木曜日と金曜日が休日でした。しかし、世界の多くの国では土曜日と日曜日が休日です。それらの国とのビジネスが盛んになってくるにつれ、お互いの営業日が重なる日が週に3日、つまり月・火・水曜日しかなくて不便になった

ため、休日を一日ずらしたのです。なおＵＡＥでは、休日が金曜だけの会社もあります。
外国人観光客の多いショッピングセンターは金曜日も朝から開いていますが、個人商店や地元の客が多い店では、金曜日は昼すぎ、または夕方から開きます。

ドバイでは、少数ですが日本と年月日が違うカレンダーも売られています。それにはたとえば２０１４年の場合、１４３５年／１４３６年と書いてあり、月の名前も、月に対応する日にちも私たちが使っている太陽暦（グレゴリー暦）とはまったく違います。

これはヒジュラ暦（イスラーム暦）カレンダーです。月の動きに沿うヒジュラ暦では、ひとつきが29日か30日で、1年は太陽暦より11日程短くなっています。１日は真夜中12時ではなく日没から始まります。西暦はイエス・キリストが生まれた年をもとに元年を定めていますが、ヒジュラ暦は預言者ムハンマドが生まれた年ではなく、ムハンマドが生誕地マッカからマディーナに移住した６２２年を元年にしています。

ドバイの人たちはどちらのカレンダーを使っているかというと、みんな日本人と同じく太陽暦を使っています。役所の書類も、ザーイド大学の予定表も太陽暦の日付です。大学生や社会人に「今年はヒジュラ暦で何年?」と聞いても、ほとんど答えられません。彼らはまして今日がヒジュラ暦で何月何日か知りません。

イスラーム教徒たちがヒジュラ暦を意識するのはラマダーン（断食月）やイスラームに関係する行事ぐらいです。ＵＡＥにおけるイスラームの休日はヒジュラ暦1月1日のイスラーム新年、3月の預言者ムハンマドの誕生日、7月の預言者ムハンマドが天界飛行をしたとされる日、10月初のラマダーン終了を祝う祭り（イードルフィトル）、12月のマッカへのハッジ巡礼の時期が終わる日（イードルアドハー）です。これらの休日のほかに（太陽暦の）元日と12月2日の建国記念日があります。このうちＵＡＥ人が盛大に祝うのは、建国記念日と年に2回のイードだけで、あとの休日はほとんど何もしません。イードルフィトルを小イード、イードルアドハーを大イードと呼ぶ国もありますが、ＵＡＥではこの呼び方をしません。

その他、ドバイに住むイラン人は彼ら独自のイスラーム行事を祝っています。

日本にも旧暦（太陰太陽暦）がありますが、日本人が旧暦を意識するのはお盆やいくつかの季節行事なので、イスラーム教徒とヒジュラ暦の関係は日本人と旧暦の関係に似ています。

ヒジュラ暦は日常生活では使っていませんが、ヒジュラ暦が作られる元となったお月様は、イスラーム教徒にとって大切なシンボルとしていろいろなところで使われています。

たとえばモスクの天井の上にはたいてい三日月の飾りが付けられています。ザーイド大学の校章は三日月のマークです。赤十字のマークは日本では白地に赤十字ですが、イスラーム諸国では白地に赤い三日月です。私が日本に帰国するときに学生たちがお金を出し合って買ってくれたプレゼントも、三日月形のペンダントでした。

「月のように美しい」という表現は女性に対してよく使われるそうです。私のクラスにはカマルさんという肌が白くてきれいで控えめな学生がいました。カマルの意味は「月」です。

⚜行きつけのモスクやご利益の多いモスクはある？

空の青、海の青に映えるベージュ色の壁をしたジュメイラ・モスクはドバイで一番美しいと言われているスンナ派のモスクです。世界のイスラーム教徒の多くはスンナ派ですが、UAE人も8割がスンナ派、2割がシーア派と言われています。スンナ派のモスクは外装が白かベージュ一色で清潔感があり、夜はライトアップされて暗闇の中に幻想的に白く浮き上がります。シーア派のモスクは壁面が青色を基調とした精緻なツタ模様のタイル張りになっているものが多く、立ち止まってしばし眺めてしまうほどの美しさです。

住宅街にはモスクがたくさんありますが、人家のない郊外に行くと、ガソリンスタンドの敷地に礼拝所が併設されていることがあります。

イスラーム教徒には行きつけのモスクや、ご利益の多いモスクはあるのか、何人かのUAE

人に聞いてみました。

たいていのイスラーム教徒は、礼拝は絶対このモスクに行かなきゃ、というようなこだわりはなく、家の近くのモスクに行くことが多いようです。モスクは自分で自由に選べるので、親や友達が行くモスクを選んだり、外出中は外出先に近いモスクへ行ったりするそうです。

伝統のあるモスクや美しいモスクは好まれるようですが、有名なモスクで祈った方がご利益がある、というわけではなくどこも平等だそうです。モスクは政府が建てたものと民間の寄贈で建てられたものがありますが、これもご利益に関係がないそうです。

イスラーム教徒には仏教のように僧侶がいませんが、スンナ派のモスクには礼拝を導く「イマーム」と呼ばれる男性がいます。好みのイマームがいるモスクに行く人もいるそうです。

「お父さんはスンナ派で、お母さんはシーア派。そして、私はスンナ派」

通常スンナ派の人はスンナ派のモスク、シーア派の人はシーア派のモスクに行きます。シーア派とスンナ派の対立がいくつかのイスラーム教国で起こっているので、両派が平和に過ごすのは難しいのかと思っていたら、その考えは間違っていたことをドバイに住んでから実感しました。

ＵＡＥ人は名前や姓を聞けば、その人がスンナ派かシーア派かを区別できることが多いそうです。日本語の中級クラスには全学生約15人のうちシーア派の学生が一人いますが、彼女が仲間はずれにされるようなことは一切ありません。

砂漠の遊牧民ベドウィンの末裔《まつえい》であるサラーマさんは「私のお父さんはスンナ派だけれど、お母さんはシーア派で、私はスンナ派です」と言っていました。家庭内で何の問題もないそうです。スンナ派の学生ターリク君は「高校のとき仲のよいシーア派のクラスメートがいた」と言っていました。モスクでの祈り方はシーア派とスンナ派で違いますが、シーア派の人がスンナ派のモスクに来ていてもまったく問題ないそうです。

イスラームがスンナ派、シーア派に大きく分けられることだけではなく、スンナ派がさらにいくつかの学派に分けられることはドバイに来てはじめて知りました。四大法学派すなわちハナフィー学派・シャーフィイー学派・マーリク学派・ハンバル学派です。学派によってイスラームの教えをどう解釈するかが少しずつ違っており、礼拝の仕方、結婚に関する行事など、いろいろなところでその違いが現れるそうです。

一般的には父親が信奉する学派を子供も信奉することが多いようです。しかし父親や母親に従わなくてはいけないということはなく、それぞれの個人がイスラーム学者の見解を読んだり

母：シーア派
父：スンナ派
私はスンナ派
うまくいってるのね〜

聞いたりして自分がいいと思うものを選んでよいそうです。

UAE人同士で、「君は何派？」というような会話をすることはほとんどないし、「あの人は○○派だから、私と違うので付き合わない」というようなこともないそうです。

日本の大学に留学中のムハンマド君は、「父親はマーリク学派だけど、僕はハンバル学派を信奉している。でも各派のよいところは全部取り入れたい」と言っていました。

聖地マッカへの便利な巡礼パッケージツアーもある

「マッカに行ってきたのよ～！」と、アミーラさんから弾んだ声を掛けられました。アミーラさんは大学の若い職員で日ごろから笑顔を絶やしません。しかし、マッカから帰ってきたばかりのアミーラさんの笑顔はいつにも増して輝いていました。

イスラームの聖地であるサウジアラビアのマッカへの巡礼は、「ハッジ」と「ウムラ」の二種類があります。ハッジはヒジュラ暦の12月に行われる巡礼です。ハッジはイスラーム教徒が生涯に一度行わなくてはならない義務ですが、その時期には世界中からイスラーム教徒が集まるためマッカへの渡航制限があり、簡単には行けません。一方、ウムラは年間を通していつでもできる巡礼です。サウジアラビアまでの渡航費、滞在費と時間があれば、希望の時期に行くことができるようで、複数回行っている人もいます。パキスタン人のリズワナ先生はウムラから帰ってきたあと「生まれ変わった気がする」と晴れやかな面持ちで言っていました。

巡礼に行くと男女とも髪の毛を切りますが、女性は少しでよいそうです。男性はすべて剃る方がよいとされています。仏教でも出家するときは頭を丸めますが、イスラームでも信仰の真髄に近づくときは髪を剃るという共通点があるのが興味深いです。

日本のお坊さんのような頭になったマッカ帰りのパキスタン人男性シャフザード先生は「お母さんをマッカへ巡礼に連れて行ったのでよい親孝行が出来た」と満足そうにウムラを述懐していました。

マッカから帰ってくると、みんながとても幸せそうな顔をしているので、イスラーム教徒でない私でさえも祝福したい気分になります。マッカへの巡礼はそれだけイスラーム教徒にとって憧れの対象であることを実感します。

ハッジの時期が近づくとイスラーム教徒の客が多いスーパーマーケットでは巡礼セットなるものが売り出されます。セットには旅行に必要な小物に加え、大きな白い布が入っています。これは男性がウムラやハッジをする際にまとう布です。

イスラーム教徒がよく利用する旅行会社には、ハッジやウムラに行くのに便利な巡礼パッケージツアーが用意されています。

ウムラはラマダーン中、または夏休みなどの長期の休みに行く人が多い状況です。休み明けに会った知り合いの学生がさわやかな顔をしているので「マッカに行ってきたの?」と聞いてみました。すると「よくぞ聞いてくれました」というような勢いで、「そうなんです。初めて行って来ました。また行きたいです」と次回の抱負まで語ってくれました。

イスラームの教えに沿うよう改変されている日本のアニメ

『ジャングル大帝』や『タイガーマスク』など1960年代に日本で製作された作品から現在放映中の作品まで、日本のアニメはアラブ諸国一帯で1980年代から数多く放映され、人気を博してきました。とりわけアラブの少年をテレビの前に釘付けにしたのが、漫画家永井豪氏の作品をアニメ化した『UFOロボグレンダイザー』です。

ロボットアニメの草分けのひとつであるこの番組は日本では1970年代、アラブでは1980年代末から1990年代に放送されました。現在の20代から30歳代のUAE人なら誰でもこの番組を知っています。今でも絶大な人気を誇り、ドバイのショッピングモールのおもちゃ屋にはグレンダイザーのフィギュアが堂々と置いてあります。

アニメ化された永井氏の作品は多く、中でも『キューティーハニー』は日本で人気を博しましたが、これはアラブでは放送されませんでした。なぜならこの作品のヒロインは肌の露出が多く、「女性は体を隠すべき」というイスラームの教えに反するからです。

『名探偵コナン』は2000年代からアラブの子供専用チャンネルの看板番組ですが、この番組は一部変更させられています。名探偵コナンのファンである何人ものＵＡＥ人は私にこう教えてくれました。「アラブで流れている名探偵コナンは日本のものとは違います。主人公の一人である女子高校生はミニスカートをはいていますが、ミニスカートが出る場面ではそのシーンがカットされたり修正されたりしています」。彼らは正規品のＤＶＤを見て、アラブでのＴＶ放送との違いに気付いたのです。

ドバイに出張に来た日本人男性は、「ＵＡＥ社会がどのくらい厳しいかを調べるためインターネットのアダルトサイトを開こうと試したけれど、ブロックされていた」と教えてくれました。インターネットではイスラームについて否定的に述べているサイトもブロックされます。

女性の肌の露出については、映像だけでなく出版物も政府で取り締まっています。本屋でアメリカのファッション雑誌を立ち読みしていたら、黒マジックで消されている部分が目に飛び込んできました。女性の裸の写真です。極小のヌード写真でも、いちいち黒マジックの跡が付いています。「雑誌を一ページ一ページめくって写真をチェックし、マジックで消している係の人はどんな気持ちで仕事しているのだろうか」と思いながらページを繰っていくと、消されるのは女性のお尻や胸だけではないことがわかりました。男性のお尻も極太ペンで線が引いてあります。ちなみに、女性の水着姿や下着姿の写真は消されていません。

雑誌のヌード写真は当局によってちぎられてから店先に並ぶ国もあるので、ドバイはページをちぎらないだけ寛容と言えるのかもしれません。

美容整形は受けてはいけないと考える人が多いが……

イスラーム社会では許されない発言があります。たとえば、イスラームの教えや預言者たちの批判です。これを言うとお縄になりかねません。しかし、言ってはいけないのは、それだけではないのです。

日本の民放テレビ局のバラエティ番組制作チームがザーイド大学へ来校したときのことです。司会者は女子学生に、ある日本人男性お笑いタレントの容姿について感想を求めました。しかし、UAE人は異性のことについてそれが褒め言葉であったとしても公にコメントすることはよくないと考えています。学生たちがインタビューの質問に答えられなかったので番組での学生のインタビューシーンはカットされました。

人間を動物にたとえるのも極めて失礼だそうです。日本の動物占いはイスラーム教徒とはやらない方が無難です。

同性愛に関することは冗談でも言ってはいけません。外国人の非イスラーム教徒といえども、厳しく罰せられる恐れがあります。また、ＵＡＥでは公共の場所で男性が女装を、女性が男装をすることを禁じています。公道でのパレードなどで浮かれ騒いだＵＡＥ人が男装や女装のかどで警察に逮捕された、という記事がＵＡＥの新聞にはときどき載ります。

美容整形はしてはいけないこと、と考えるイスラーム教徒は多くいます。彼らは神が与えてくれた顔や体に手を加えてはいけない、という意見を持っています。ところが、アラブ人イスラーム教徒の母親が結婚前の娘に美容整形をすすめる、という話はよく聞きます。「条件のよい結婚相手を選べるから女性の美貌は大きな財産である」とサウジアラビア事情を紹介した本に書いてありましたが、美容整形をする理由がこの文に集約されています。

アラブ人女性が整形する代表的な部位は、口をセクシーに見せるために唇を厚くする、頬をふっくらさせる、目をくっきりさせる、胸を大きくする、です。手術をしなくても彼女たちの目や口や胸は十分大きいので、日本人の目から見ると「どうしてわざわざ手術をするんだろう」

と首をかしげてしまいます。

女性だけでなく、男性にも美容整形は流行っているようです。男性にとってもよい条件の女性と結ばれるために外見が重要だと考えているのでしょう。今どきのアラブ人女性は、濃いひげが一面に生えている男性よりも適度にひげが生えている男性を好むので、女性の好みに合わせ一部のひげを永久脱毛する男性もいます。

鼻が大きすぎたり、高すぎたりするのもアラブ・中東地域の男性共通の悩みのようで、鼻を小さくする手術も盛んです。日本人男性にはまずありえない悩みが、この地域の男性にはあります。

⚜UAE人たちの心のよりどころ

「あなたは何に心のよりどころを求めますか。何に属していることを誇りに思いますか」という質問をされたら、日本人の場合「○○県人であること」「○○学校出身であること」「○○会社の社員であること」「弁護士であること」など、土地や所属した機関、職業に拠り所を求めることが多いのではないでしょうか。ところが、UAE人はたいてい「イスラーム教徒であること」と答えます。おそらくその次に「UAE人であること」という答えが続くでしょう。

理想のヒゲ

ＵＡＥの７首長国の各首長たちも「イスラーム教徒であることを誇りに感じている」としばしば発言しています。そして国民はイスラームを重要視している首長たちを尊敬しています。

ＵＡＥ政府は高額の援助金を諸外国に提供していますが、提供先はおもにイスラーム教国です。また、諸外国でモスク建設を支援しており、日本では福岡モスクの建設に協力しています。

ＵＡＥの建国者で、国民からパパと呼ばれて親しまれてきた故ザーイド大統領は晩年に巨大なモスク建造に着手し、モスクは逝去後に完成しました。イスラーム教徒のみならず、ＵＡＥを訪れる誰もが見学できる壮麗なモスクを作り、イスラームを人々に身近にしたことで、ザーイド大統領は国民からますます愛される存在になっています。

ドバイの経済を飛躍的に発展させたムハンマド首長は、ラマダーン（断食月）の時期に毎年「国際クルアーン暗唱コンテスト」を行っています。参加者は世界各国から集まり、クルアーンを間違えなく暗唱した人はそこで賞金と名誉を得ます。

イスラームが国の支えになっていることは国旗にも表れています。ＵＡＥの国旗は黒、赤、緑、白の四色です。黒は石油（の恩恵）、赤は力とプライド（誇り）、緑はＵＡＥの国教であるイスラームと自然の豊かさ、白はＵＡＥの社会的価値観である寛容と純潔を表します。緑色は三日月と並んでイスラームのシンボルとして使われることがあります。

ＵＡＥでは幼稚園からイスラームについて習いはじめます。先生がイスラームについて話をしたり、クルアーンの一部を読んで園児がそれを繰り返したりする時間があります。ある幼稚園には、クルアーンの一節が書かれた大きいパネルボードが何種類も用意されていました。

イスラームの授業は小学校から大学まで必修です。子供たちはイスラームの教えやイスラーム史上の重要人物をそこで学びます。

いくつかのモスクでは子供向けコーラン暗誦《あんしょう》教室を平日の放課後の時間に開いています。子育てをしながら大学に通っている40代半ばのフダさんの家を訪れたら、小学校2年生の娘サハールちゃんが「昨日モスクで覚えたクルアーンの一節を聞かせてあげる」と言って寄って来ました。暗唱を聞いていると夕方4時を過ぎた頃、近所に住む数人のお友達がサハールちゃんを呼びに来て、みんなはモスクに出かけて行きました。

ＵＡＥ人のお宅に行くと、一般に応接間には本棚があり、美しい装丁のアラビア語の本がずらりと並んでいます。それらはたいてい預言者ムハンマドの言行録であるハディースや、イスラームの解説書です。クルアーンを特別な置物の上に飾っている家もあります。「クルアーンを見ていいですか」とその家のお母さんに頼むと、「クルアーンを触る前には一定の方法で手を清めなくてはなりません。非イスラーム教徒がその手続きを踏むことは難しいから私が見せましょう」と言われました。お母さんはクルアーンに触れる前にすべきお祈りや体の洗浄を済ませたあと、自分の好きな言葉が書かれているページを開き、そこを私に読んでくれました。

邪視とお守り――「いいね」と言われると戸惑うＵＡＥ人

ザーイド大学で行われた建国記念祭で珍しい腕時計をしていた女子学生がいました。文字盤にＵＡＥ国旗が描かれています。面識のない学生でしたが「その時計、すごくいいね。どこで買ったの？」と聞きました。すると彼女は「あげます」と言い、バンドをはずして私に差し出しました。私には彼女の所有物をもらいたいという気持ちはまったくありません。「もしあなたがその時計を買った店が私の行けるところであれば、私も買おうと思っただけなのよ」と説明しましたが、彼女は差し出した手を引っ込めません。周囲には私が知っている学生がたくさんいたので助け舟を求めると、学生たちは「あげるって言っているんだから、もらったほうがいい」と口々に言います。結局、学生たちの説得に屈し、その時計をもらってしまいました。時計はプラスチックの中国製であり高いものではなさそうでしたが、金銭的な問題ではなく時計の持ち主に「時計をあげなきゃ」と思わせてしまったことがショックでした。

後日いろいろなアラブ人に、時計をほめたら持ち主からそれをもらってしまったことを話したところ、どのアラブ人も「ナオミが言ったような言葉をかけられたら、自分もその女子学生と同じ行動をとるかもしれない。でも気にしなくていいよ。それがアラブ人の性格だから」と言ってなぐさめてくれました。

その数ヵ月後、毎年恒例の大学祭が開かれたときのことです。日本語クラスの学生ナジャットさんが造花のバラを持っているのを見たので「それすごくいいね。どこで買ったの?」と声をかけました。そうしたら彼女はすかさず言いました。「じゃあ先生にあげます」。

「またやってしまった!」と思いましたが、時すでに遅しでした。

これらのことを通してわかったのが、アラブ人は自分の持ち物をほめられると、それが自分ですぐに買える金額の物であれば、ほめた人にあげようとすることです。彼らにとって他人からよいと言われた物は邪視、すなわち「ねたみの目」「嫉妬の目」をかけられた縁起の悪い物になってしまうようです。縁起の悪い物は手放す方がよい、と考えているように見受けられます。

さらに、別の理由としてアラブ人には「自分が気っ風《きぷ》のよいところを見せる、自分がケチでなく度量が広いことを見せる」のをよしとする性格があります。

私の場合、ねたみで人の物を眺めているわけではなく素直にいいな、と思った気持ちを表現しただけでした。しかしほめた相手に物を「あげる」と言われたあと、どんなに「そんなつもりで言ったんじゃないのよ」と弁解してもムダでした。

その後「物をほめたいときは、ほめた言葉に続いてマーシャーア・ッラーと言えば邪視にならりません」と学生に教わりました。マーシャーア・ッラーは「神がお望みになられる限り」という意味ですが、この場合は「神様に望まれて、あなたはそんな素敵なものを持っているのね」というように解釈され、その持ち物は神様に守られているという意味合いを含ませることができるようです。

しかし、ついマーシャーア・ッラーを付け加えるのを忘れると、私の財産が意図に反して増えてしまう結果を招きました。たとえば、トイレの鏡の前でスカーフを巻き直していた学生に向かって思わず「そのスカーフ、素敵！」と言ってしまいました。そのスカーフにはＵＡＥの国旗が美しく刺繍されていたのです。大学の廊下ですれ違った学生に「そのピンク色の手提げ、いいね」と話しかけたこともありました。手提げにはアラビア語が印刷されており、日本人の目には珍しかったのです。そのスカーフも手提げも、今は私の部屋で大切に保管してあります。

邪視の考え方はアラブだけでなく世界のいろいろな地域に存在しますが、アラブ・中東地域のいくつかの国では、邪視から身を守ると信じられている独特のお守りがあります。お守りの代表的なものが、青い目玉のデザインと、ファーティマの手と呼ばれる手型のデザインの二つ

アゲマス
今までにもらってしまった物
そうじゃないのよ〜

です。人々はこれらを壁にかけたり装身具にしたりします。

ドバイに住んでいるエジプト人やレバノン人から私は青い目玉のキーホルダーや腕輪、ネックレスをもらったのでそれらを身につけていました。するとUAE人学生から「たいていのGCC諸国の人々はお守りを持ちません。お守りはイスラームで禁止している偶像崇拝につながるからです」と言われました。

学生の言うとおりUAE人はお守りを使わないらしく、UAE人のお宅で青い目玉やファーティマの手を見たことはありません。アラブ人はおおむね邪視を信じているものの、お守りを信じるかどうかは地域で分かれていました。

⚜異教徒に寛容なドバイ――ドバイ資本のホテルでクリスマス飾りも

ショッピングモールを何気なく歩いているときに、アクセサリーショップのショーウィンドウをふとのぞいたら、十字架のペンダントが売られていたので仰天しました。「これを売っていても大丈夫なの?」と思わずインド人の店員に聞いてしまいましたが、店員はなぜ私がそれを聞くのか不思議そうでした。

UAEの隣国サウジアラビアでは、イスラーム以外の宗教に関する商品は販売されていません。ＵＡＥも同様だと思い込んでいた私は、十字架のペンダントを見て驚いたのです。

ＵＡＥ政府は国民にはイスラームを徹底しますが、外国人には信教や行動の自由を与えています。

ドバイには仏像をモチーフとした飾り物もよく売られています。日本人は「何でもあり」という境遇に育っているので、十字架と仏像が共存していても驚きませんが、「イスラームに厳格」という認識があったアラビア半島の国ＵＡＥでも、日本のような状況は可能でした。

ＵＡＥにはキリスト教の教会もいくつかあります。ただし十字架を外に飾ってはいけないという決まりがあります。フィリピン人をはじめ、キリスト教徒はＵＡＥに多く住んでいるのでキリスト教会は礼拝の日に混み合うそうです。インド人も多数居住しているのでヒンドゥー教の寺院もあり、ヒンドゥー教徒は彼らの祝日を公の場で祝っています。

行事は宗教に関係なく飾り付けるのもＵＡＥの特徴です。ＵＡＥ人はほぼ１００％イスラーム教徒ですが、どこもかしこも12月はクリスマスの装飾でいっぱいです。その筆頭は欧米資本のホテルです。ところがドバイの大財閥が出資するホテルでもロビー中がトナカイ、もみの木、靴下などでところ狭しと飾られています。そのホテルの従業員が全員サンタクロースの帽子をかぶっているのを見るにいたっては開いた口がふさがりませんでした。イスラームは偶像崇拝を禁止するため、イエス・キリスト像やマリア像はありませんでしたが、ドバイ資本のホテルでクリスマスを強調しているとは予想だにしていませんでした。

年末年始をはさむ冬休みは、ドバイにとって外国人観光客が増える書き入れどきです。各商業施設はクリスマス関連の話題づくりを競い合います。たとえばドバイの人気ショッピングモールではアラブ・中東地域で室内最大のツリーを飾り、アブダビの高級ホテルでは時価約10億円もする宝石のデコレーションを飾りつけた世界で最も高価なクリスマスツリーを披露しました。

クリスマスに恋人同士または家族で会う習慣はありませんが、若いUAE人女性にはクリスマス柄のような手提げを使ってクリスマスを自分なりに楽しんでいる人もいます。「イスラーム教徒が祝うべき行事はイスラームに関係する行事だけ」という考えがあり、UAE人の祖先たちは誕生日も父の日・母の日も祝ってきませんでした。しかし現在では、みんなが誕生日を祝っています。父の日・母の日には特別セールをする店もあります。GCC諸国の母の日はキリスト教行事を基準にして決められるイギリス式を踏襲《とうしゅう》しており、3月末に祝います。キリスト教徒のお祝いである4月の復活祭（イースター）も、卵型のお菓子など関連品が売り出されます。10月末日のハロウィーン前にはお店がカボチャの装飾であふれ、骸骨・お化け・

魔女の変装グッズが特設コーナーに並びます。

バレンタインデーの習慣も若者には広まりつつあり、花やお菓子を交換する人もいます。ただし未婚の女性がボーイフレンドを作ることは許されないので交換は女性同士です。

ドバイの人々は何でも楽しもうという陽気な性格なのか、商業主義に徹していると言うべきか、宗教に寛容と言うべきなのでしょうか。外国人にとっては町や店内の装飾が時期によって変化するのを見られて楽しいですが、少々節操がない気もします。

犬と猫の扱われ方はどうなっている?

大学女子セクションの日本語クラスで、「好きな動物は何ですか」という質問に「犬」と答えた学生はゼロでした。日本人に同じ質問をしたら、おそらく「犬」という答えが最も多い答えのひとつになるでしょう。

イスラーム学者の間では犬の扱いについて意見がいろいろあるそうですが、一般に犬は不浄の動物として扱われています。その理由として、だ液が汚く病気を介するからと説明されています。ドバイでは犬が散歩できる場所と飼ってよい地域は限定されていて、犬はほとんどの公道を歩けません。許可されているのは、たいてい住居群の敷地のみです。

イスラーム教徒の中には私が犬の話を持ち出すと露骨に嫌な顔をする人もいます。しかし、多国籍社会で生きるUAE人の若者は、犬を好きな人が世界に多いことを知っているので、私が犬について何かしゃべっても表面上は嫌がる素振りを見せません。

UAE人は犬がきらいなのかと思っていたらそうでもなく、パソコンの中に犬の写真をたくさん入れている学生がいました。私がパソコンの待ち受け画面を犬の写真にしていたら、みんな「かわいい」と言ってくれました。私に気を遣って言っているのではなく本心からそう思っている様子でした。

私が犬好きであるのを知ってか、女子学生アフラさんが私にプレゼントしてくれたものは犬の写真が転写されたマグカップで、犬の柄の紙袋に入っていました。アフラさんが犬を嫌いだったらプレゼントに犬の模様を選ばなかったでしょう。アーリアさんが出産を記念してみんなに配ったプレゼントも、犬の小さなぬいぐるみでした。

女子学生シャムサさんは「家で飼っている犬です」と言って大きな犬の写真を見せてくれました。私が「犬を飼ってもいいの？」と驚くと、シャムサさんは「猟犬と番犬は飼ってよいとされています」と教えてくれました。

アラブ人と犬の関係に興味を持った私はその歴史を調べてみました。するとメソポタミア文明の頃から両者は共存していることがわかってきました。アラブの砂漠地帯で砂漠の遊牧民ベドウィンと暮らしてきたのはサルーキという猟犬です。スマートな体格のサルーキはウサギなどを捕まえるほか、ベドウィンがハヤブサを使って獲物を捕まえるときにハヤブサを助ける役目もこなします。飼い主に忠実なサルーキは番犬としても有能で、飼い主が野獣に襲われる危険から救うこともあるそうです。現在はサルーキの美を競う大規模なコンテストが毎年首都アブダビで開かれています。

イスラームが成立した7世紀より何千年も前から砂漠の民は犬と暮らしてきた、ということを知れば、今のアラブ人たちが犬を好きだったとしても、何の不思議もありません。砂漠の民の友はラクダだけではなく犬もいたのです。

一方、猫は預言者ムハンマドがかわいがった動物とされています。そのせいか「好きな動物は猫です」と答える学生がたくさんいました。猫好きはUAEで男女ともに多いです。

日本のキャラクターグッズの中で、ハローキティはUAEでたいへん人気があります。預言者ムハンマドが猫好きだったということが、アラブ人にとってハローキティを好意的に受け入れる原因のひとつになっているのかもしれません。

カワイイ
カワイ〜

遊牧民ベドウィンとサルーキ

第四章

ラマダーン（断食月）体験

⚜ラマダーンが楽しみ?——ラマダーン前の、人と街の様子

「もうすぐラマダーンだ。楽しみ!」

学生たちはラマダーン前にこう言いあっています。ラマダーンとはヒジュラ暦9月のことで、9月1日の新月から次の新月まで1ヶ月にわたりイスラーム教徒が断食をする月です。

イスラーム教徒には義務が五つありますが、そのうちのひとつがラマダーンに断食をすることです。

「太陽が出ている間、飲まず食わずの日々が1ヶ月ほど続くのだからみんな断食月を嫌がっているのだろうなぁ」と考えていた私は驚いて「断食はつらくないの?」と聞くと、学生たちは「最初の10日間ぐらいはちょっとつらいけれど、それ以降は慣れてきます。夜にみんなで集まって食べる毎日の断食明けの食事は楽しいし、何よりみんなとの連帯感が生まれるのが好きです」と言います。他国からドバイに来ている多くのイスラーム教徒にも聞いたところ、ほぼ同じ答えが返ってきました。

ラマダーン前は、人々がラマダーンの特別料理の用意などで忙しくなりますが、街の中にもいろいろな変化が見られます。

たとえば、道路脇や中央分離帯の植え込みにずらっと並んで立てられた広告柱には、ラマ

ダーン特別番組の宣伝が掲げられます。テレビを見ていても、ラマダーン特別番組の予告が多く流れるようになります。ラマダーン中は家にいる時間が増えるため、テレビ視聴時間が各家庭で増えます。しかし、娯楽性の強い歌番組は一切禁止です。ですから、各テレビ局はラマダーン用のドラマやクイズショーをたくさん作ります。ドラマはアラビアの歴史大河ドラマやアラブ人家族を扱ったものが主流です。

スーパーマーケットにはラマダーン用の食べ物コーナーが設置されます。このコーナーの主役はナツメヤシの実デーツです。デーツとお菓子の詰め合わせが直径50〜60センチの皿に山盛りになって売り出されます。デーツは毎日の断食時間が終わったときに最初に口にするとよいと言われている重要な食べ物です。

書店や文房具屋にはモスクの絵などが書かれたグリーティングカードが置かれるようになります。ラマダーンが始まるときや終わるときに送るカードです。現在はスマートフォンを使ってのメッセージ交換が主流になっていますが、カードも健在です。

ラマダーンになる直前の満月の日、つまりラマダーンの約半月前の日は「ハック・アッ・ライラ」という祭りがあります。この祭りはＵＡＥのハロウィーンと呼ばれています。ハロウィーンのように仮装はしませんが、伝統衣装を着て子供たちがお菓子や小銭を集めるため近所を歩き回るのです。ハックとは「権利、要求できること」などの意味で、ハック・アッ・ライラは「何かを要求できる夜」のような意味になります。

ハック・アッ・ライラはUAEの子供たちが大好きな行事です。大人たちに大っぴらにお菓子やお金をねだれるからです。もらえるお金は小額で、1ディルハム硬貨（約30円）や、その半分の50フィル硬貨のことが多いそうですが、それでも嬉しそうです。近所を回るのは小学生ぐらいまでですが、中学や高校でも先生がお菓子を配ってくれることがあるそうです。

ハック・アッ・ライラの名称や習慣はイスラーム教国によって異なります。国によってはラマダーン中に行ったり、ハロウィーンのように仮装したりするそうです。ハック・アッ・ライラはUAEにおいて特に宗教的な意味を持ちませんが、もうすぐラマダーンが始まることを強く意識する行事です。子供も大人もハック・アッ・ライラが近づくと「ラマダーンの準備を本格的にはじめなきゃ」という気持ちになるそうです。

耐えられるか、ラマダーンを自ら体験してみた

ラマダーンの断食について「イスラーム教徒は日の出から日の入りまで断食をします」とか「太陽が出ている間は断食をします」と書かれている本やガイドを見かけますが、正確には日の

出というのは間違いです。東の地平線から朝の光が差し込む時間をファジュルと言いますが、ファジュルのアザーン（礼拝の呼びかけ）を聞いた段階で断食が始まります。この時間、太陽そのものはまだ地平線の下で、われわれの眼には見えない位置にあります。つまり少しでも明るくなったら、もう食事をとれません。

日の出、つまり地平線に太陽が現れる時間はシュルークといって、ファジュルより1時間以上あとです。シュルークには、もうとっくに断食時間が始まっているわけです。

ラマダーン中は断食をしている学生たちを毎日大学で見ているので、私も仕事のない休日の金曜日に試しに断食することを決意しました。この日のファジュルは朝4時48分、断食解禁の日没が夕方6時19分だったので、断食時間は約13時間半です。

ファジュル前に朝食をとろうと思い、目覚まし時計を朝3時半にセットし早めに就寝したのですが、人生で初めてのことをするだけに妙に興奮してしまい寝付けません。ようやくウトウトしはじめたかという頃、目覚ましのベルが鳴り響きます。

「やっぱりやめようかな、イスラーム教徒じゃないし」と弱気になりかけましたが、せっかく決意したことなのでやはり実行しようと思い直し、自分に鞭打って起床しました。いつもの朝食より多めに肉類を食べ、最後に腹持ちがよさそうな甘くてまったりしたチョコレートムース

ピピピ
ムックリ
AM3:30
パク
パク
パク

を食べたら食べ過ぎで気持ち悪くなりました。

食べ終わったとき時計を見るとファジュル10分前で、辺りはまだ真っ暗です。ファジュルの前に歯磨きを済ませ、断食の準備は完璧になったところで、ようやく安らかに寝付くことができました。

次に起きたのは正午近くです。しっかり眠ったので気分爽快です。ＤＶＤやスポーツ録画などを見て過ごしているうち夕方になってきました。もっとお腹がすいてくるかと思っていたけれど、その日は何も動いていなかったのでほとんど空腹感を感じず、断食解禁まであと3時間、2時間……と考えているうちに、意外に早く断食解禁の時間である日没の時間、すなわちマグリブになりました。

断食は思ったよりあっけなく達成できました。水も一滴も飲まなかったけれど、のどがひりひり渇くような思いはまったくありませんでした。しかし、この日は休日で仕事がなく家に1日いられたから簡単にできたのかもしれないと思い、平日の断食に改めて挑戦しました。

二度目の断食は、午前中講義があり、午後は別の場所で用事がある日にしましたが、この日の断食も意外に簡単に終わりました。さらにダメ押しの意味でもう1日平日に断食を試しましたが、あまり苦痛を感じませんでした。

三回経験しただけで大きなことは言えませんが、断食は終わる時間がわかっている場合、かつ空調が効いている室内や車内にいられる場合、それほど困難ではありません。

ただしラマダーンが、太陽暦の夏至の頃（6月末）と重なるような年は、断食をしなくてはならない時間が、UAEでは15時間以上になります。しかも気温は50度に近づくほど暑いので、その時期の断食は本当につらいかもしれません。逆に冬至の頃（12月）にラマダーンが重なる年は、断食時間がUAEでは12時間くらいで気候も涼しいので、断食はそれほどつらくないでしょう。しかし、ラマダーンがどの季節になっても、ドバイは1年の大半暑いのです。工事現場のような屋外で働く出稼ぎのイスラーム教徒にはつらいことでしょう。

飲食を慎むことは予想より簡単だったけれど、私にとってはまだ暗闇の早朝に起きることが一番つらかったです。早起きは拷問のようでした。

⚜ラマダーン中、人々はどうしている?

「ラマダーンの断食は何歳からするの?」と多くのUAE人に訊ねてみました。何歳から断食をしなくてはならないという決まりはなく、断食をはじめる時期は人それぞれだそうですが、男女とも7歳ぐらいから段階的に断食をはじめるそうです。

男児は7歳になるころには父親とモスクに行きはじめるので、7歳はイスラーム教徒にとって区切りの年齢になっているようです。

子供の断食は、最初のうちは「1日5時間だけ断食」などのように時間を限定する、あるいは「今日だけはしっかり断食、明日はしない、あさってはまた断食」など、断食をする日を限定する、というような形態をとるそうです。

このように毎年少しずつ断食の習慣に慣れていくようにし、10歳を過ぎた頃には多くの子供が大人と同じように断食するようになる、とのことです。ラマダーン中、12歳の女子中学生シャムサさんにクラスメートについて聞いたら、ほとんど全員が断食をしている、と言っていました。

ラマダーンがはじまったばかりの頃、大学での女子学生たちの様子は、目の下に黒いクマが出ていたり、肌の調子がちょっと悪くなっていたり、眠そうだったりします。彼女たちは帰宅後、断食解禁となる夜六時半ごろ夕食をとります。飢えたお腹を満たした後は、夜の礼拝をします。これは毎日行う1日五回の礼拝のうちの最後の礼拝です。さらにもう少し経つと、ラマダーンに特有の長い礼拝タラーウィーフをします。

それらの礼拝を済ますと、時間は真夜中なので少し寝ます。朝食は日の出前に済ませておかなくてはならないので、真っ暗なうち起きて朝食をとります。夜通し起きている人もいます。日の出前の食事が終わったあと、学校や職場に行くまでに少し寝る人も、そのまま起きている人もいます。

学校や企業はラマダーン中、普段より遅く始まり早く終わります。たとえばザーイド大学では始業が8時から9時に、終業が5時から3時になります。ラマダーン中は授業時間も就労時間も短縮されるとはいえ、睡眠時間は不規則になるのでUAE人たちはつらそうに見えます。ところが最初の1週間を過ぎるとだいぶ慣れてくるようで、彼らは生き生きとしてきます。

ドバイ剣道クラブは土曜日の昼間に稽古があります。毎週車で1時間半かけて通ってくる20代半ばのUAE人アドナーン氏は断食中なのに熱心に稽古に参加しています。ラマダーンが始まったころはイライラして少々荒れている感じに見えました。しかし、2週目に会ったときはニコニコしながら冗談を言える余裕が彼に生まれていました。

私がプライベートで日本語を教えている会社員のヌーラさんは、ラマダーン1週目に「すみません、つらいので授業をキャンセルさせてください」と電話をかけてきました。しかし2週目からは元気な姿を現し、いつもと変わらず熱心に勉強していました。

ドバイではタクシーに乗ると、パキスタン人やバングラデシュ人などイスラーム教徒の運転

ラマダーンが始まったばかりの頃…
ぷ～
ボーッ
…つらそうね

手に遭遇することがしょっちゅうあります。それらの運転手のなかにはラマダーンの日中イライラしながら運転している人がいて、少々怖く感じたりすることもありますが、平常心を保っている運転手もいます。夕暮れにタクシーに乗り合わせていたときです。日没になり、ラジオから断食解禁を告げるお祈りが流れてきたら、運転手は座席のすぐ横に置いてあったペットボトルを持ち上げて「ちょっと失礼」と言い、嬉しそうに水を飲み始めました。こういうシーンを見るたびに、厳しい掟を人々に守らせ従わせる宗教の力について考えさせられます。

ラマダーンの日中、断食をしている人のそばで話すと、彼らの口臭を感じることがあります。口が臭くなるのは食べ物も飲み物も長時間口にしていないからです。うがいさえしない人もいます。断食中、歯を磨いてよいか、うがいをしてよいか、などは、イスラーム学者によって意見が異なります。「胃に水が入らない限り、歯磨きとうがいは許可」という学派もあれば、「口に入ることはすべてダメ」という厳しい学派もあります。つばを飲み込むことさえ禁止する人もいます。

「神にとって、断食をしている者の口臭はムスク（香水の一種）の香りよりもよい」と預言者ムハンマドは言ったそうですが、口が臭いのは断食を忠実に行っている証拠なのです。

断食には例外もあります。たとえばスポーツ選手です。２０１０年の夏のオリンピックはちょうどラマダーンの時期にあたりました。この年、ＵＡＥはサッカーに出場し、国民の注目を集めていました。新聞には「選手たちはラマダーン中でもスタミナを補充する必要があるため食事をとっている」という報道がありました。

生理中の女性や妊娠中の女性、病人や旅行中の人など断食をしなくても許される場合はいくつかあります。しかしラマダーンが終わったあとに、ラマダーン中にできなかった分の断食を埋め合わせなくてはなりません。

ラマダーンの月だけは、外国人にも厳しい制限がある

ラマダーンの月以外において、ＵＡＥでは非イスラーム教徒がイスラームによって行動を規制されることはほとんどありません。

たとえば服装に関して、よほど露出の激しい格好でない限り男女とも自由な服が着られます。お酒は公園、路上など公共の場所では飲めませんが、ドバイには酒屋があり、お酒が飲めるレストランもたくさんあります。

このように、異教徒に対して普段は鷹揚《おうよう》なドバイが、ラマダーンだけは外国人に厳しくなります。ラマダーン中は非イスラーム教徒といえども、公共の場所で飲食ができず、タバコを

吸ってもいけません。自分の車の中でタバコを吸っていても、他の人に見られる場所だと処罰の対象になります。ガムを路上で噛んでいて警察に見つかり罰金を科せられた人もいます。

一般の飲食店は日中に営業してはいけません。外国人のために、政府から許可を受けたごく一部の飲食店だけが営業していますが、これらの飲食店は内部が見えないようにカーテンやついたてで四方を覆います。一般の飲食店は日没の断食解禁時間に開店し、深夜まで営業します。ラマダーン中の日中は、ショッピングモールの中も閑古鳥が鳴いています。

飲食だけでなく、音楽の演奏やダンスも人前でしてはいけません。車で窓を開けたまま音楽を大きい音で聞いていると、警察に咎《とが》められます。

この厳しい処置に対して「ラマダーン中、非イスラーム教徒の行動を規制する必要はないと思う」と言うUAE人が少なからずいます。「他人が飲食しようがしまいが、自分が断食する気持ちは揺るがない」と彼らは言います。これは日本に住んでいるイスラーム教徒を見ていても、納得できます。

日本に住んでいるイスラーム教徒もいろいろな人がいますが、国籍にかかわらず熱心に断食している人は少なくありません。彼らは「他の人（異教徒）が自由に飲食している状況の中で断食することは自分をいっそう鍛えられてよい」と言っています。

イスラーム教徒初の相撲力士であるエジプト人大砂嵐金太郎（本名アブデルラフマン・シャーマン）氏は、場所中にラマダーンを迎えた年も日中に断食しながらよい成績を残すという強靭な精神力を見せてくれました。

ラマダーン中、日本企業の日本人駐在員の多くは、昼食時に飲食店からお弁当を注文して会社内で食べています。昼間は店内で食べることはできませんが、お弁当だけ売っている店があります。

私は地元の国立大学で過ごしていましたが、学食は閉まっているので大学では何も飲食しませんでした。誰も見ていないところならば持参の飲食物を口にしてもよいのですが、なかなかそのような場所と時間は見つからなかったのです。ですから、家に帰ったら即座に何か飲んで食べていました。授業でたくさんしゃべらなくてはいけない日は渇水して少々つらかったです。

しかし、イスラーム教徒の主婦、メイドやコックの気持ちを思えば、そんなつらさは取るに足らないものでしょう。彼らは断食の時間が終わったあとに食べる食事を、断食の時間中に作っているのですから。お腹がすいているのにつまみ食いもできない状況の中で、量も種類もいっぱいの食事を作るなんて食いしん坊の私には想像ができません。

ラマダーンの夜の途方もないご馳走を前にして

ラマダーンの1ヶ月、イスラーム教徒はお祈りをする時間とテレビを見る時間、デーツの消費量が増えますが、裕福なイスラーム教徒の場合、体重も増えます。「断食するのに、なぜ?」と思いましたが、彼らは1日の断食が終わってから翌日の断食が始まるまで、毎晩大量の食事をとるのです。

この食生活では体重が増えて当然だと思わせる彼らの食生活を体験しました。名家ヌアイミー家出身のアブドゥルアジーズ氏が自宅でのイフタールに招待してくれたときのことです。イフタールとは断食時間が開けた日没時に食べる食事のことです。

広大な邸宅前に到着すると、邸宅を囲む高い塀の前で私は不審者のようにウロウロしてしまいました。門はたくさんあるけれど、すべて閉まっていてどこの門から入ったらよいかわかりません。門と門の間は30メートルぐらいあります。行ったり来たりしましたが埒が明かないので、ヌアイミー家に電話をすると、9番という門の番号を指定してくれました。9番の門の前で待っていると、まず男性の庭番か門番が出てきて、私を敷地内に連れて行ってくれました。

敷地内は少し変な臭いがするなと思ったら、その辺りにつながれていたヤギが、のどかに草を食べていました。

子供の遊び場などを通り越えると、どこからともなくメイドが現れ、私はメイドに引き渡されました。そしてメイドと一緒に女性用応接室へ入りました。食事をする応接室（マジリス）は、男性用・女性用ときっちりわかれています。男性用の応接間がどこにあるかもわからないくらいそのお屋敷の敷地は広く、男性用・女性用の建物そのものが離れています。

女性用の応接間に私が到着したのは断食解禁時間の少し前でした。女性たちは全部で10人以上で子供も含めると15人を超えていました。親族が集まって食べるので大人数になるのです。一人ひとりに挨拶をしますが、まったく名前を覚えられません。

室内には女性しかいませんが、外出するときと同じ黒いアバーヤを着ています。私のような外国人がまじっているし、男性の使用人が部屋に入ってくることがあるのでアバーヤは脱がないようです。

テーブルの上には魅力的な種々の食べ物が載っていましたが、とても食べきれない量です。デーツは完熟のもの、半熟のものなど数種類が用意されています。どれを食べようか迷っていたら、日没を告げるアザーンが近くのモスクから聞こえてきました。アザーンが聞こえたら断食解禁です。

「ビスミッラー（神に感謝していただきますというような意味）」と言って、デーツをパクリと口に放り込みました。女性たちもデーツを食べ始めます。デーツの糖分がすばやく体にエネルギー分を与えてくれるそうです。

女性たちは私にいろいろなものを盛んに勧めてくれますが、彼女たち自身はそれほど食べず飲みません。私はその日の日中、断食していたのでデーツよりドーナツより、まずは水分をとりたいと思っていたのに、彼女たちはアラビックコーヒーとザクロのジュースを少し飲んだだけです。

砂漠の民は遺伝的に水分をとらなくても平気なのだろうか、と考えていると、先ほど私を応接室まで案内してくれたメイドとは別のメイドが「お食事をどうぞ」と呼びかけました。

一同は奥のダイニングルームにぞろぞろと入っていきます。そこにあった3メートルぐらいの細長い食卓を見て私は思わず叫びたくなるような衝動に駆られました。食卓にはたて60センチ×よこ40センチくらいの銀色の容器に山のように盛られたお料理の数々が隙間もないほど並んでいたのです。「UAE名物豆入りとろとろシチュー」、「アラブ地方でよく食されるヤギと根菜のごった煮」、「牛の網焼き」、「レタスのシンプルなサラダ」、「パン入り鶏肉のシチュー」、「レバノン風チーズの揚げ物」「インド風マトン（羊）のカレー煮込み」、「イラン風ピラフ数種」……他はもう覚えていません。

食卓についているのは15人程度の成人女性ですが、これだけの量があれば50人でも十分に食べ物が行き渡るでしょう。お酒はいっさいなく飲み物のバリエーションも少ないので、いきおい食事が多くなるようです。

UAE人たちは、私がアラブ初心者であることを知っているので、親切に食べ物の説明をしてはあれこれ勧めてくれます。「ちょっと待ってください、そんなに一度には食べきれません」と言いたいけれど、畏《おそ》れ多くも言えないので、笑って勧めを受け、とりあえず私のお皿に料理のかたまりを盛ってもらいます。

盛られた料理をもはや義務感で一生懸命消費していると、女性たちは一人、また一人と食べ終わっていきます。お皿には食べ残しが積み重なっています。彼女たちはそれほど多く食べていない様子でしたが、腹持ちのよい料理が多いし、昼間に激しい活動をするわけではないので、たくさん食べなくても十分なのでしょう。

銀色の大きな皿には8割くらい料理が残っています。この残りは使用人に配ったり、モスクに持って行って貧しい人たちに配るそうですが、配り切れるのかと疑問に思われるほど大量の料理が残っていました。

⚜ラマダーン中は栄養過多に注意――夜はエンドレスに食事が続く

日没後の食事イフタールが終わると、女性たちは応接間に戻り、テレビ鑑賞や談笑をします。すると間もなく五回目の礼拝である夜の礼拝の時間がやってきます。

女性たちはぞろぞろと部屋を出て、礼拝部屋に向かいます。訪問した家では敷地の中に女性専用の礼拝スペースを設けていて決まった時間にそこへ行くようです。

出産をしたばかりの乳児をあやしているお母さんだけがみんなと礼拝に行かず部屋に残ったので、彼女に話し相手になってもらいました。彼女は赤ちゃんが寝たあと、一人で礼拝をしに行くそうです。

30分から40分後ぐらいに、夜の礼拝を終えた女性たちが応接間に戻ってきました。ラマダーン中にだけ行うタラーウィーフという礼拝を夜の礼拝の後に続けてしたので、時間がかかったそうです。

すると、また初めて見るメイドたちがデザートを運んできます。このメイドたちは夜のシフトなのでしょうか。

デザートは日本人にもおなじみのプリンから、珍しいフルーツの果汁を使ったゼリーやババロア、ムースがあり、クッキー類もあります。ミントの香りがすがすがしいアラビックティーで口を潤しながら、これらのデザートをみんなでまたパクパクとつまみます。

この時間帯にメンバーの入れ替えがあり、夕方からいたメンバーが家に帰りました。といっても、家は敷地内にあります。そして新たに、やはりご近所から訪問してくるメンバーが加わりました。新しいお客さんが来るたびにコーヒーを飲んだり甘いものを勧めあったりするのでいっこうに食べ終わりません。

夜は更け、11時近くなりましたが、それでも新しいお菓子がどんどん登場します。「もういりません。十分です」と言いたいけれど、これがアラブ流のもてなしなのでしょう。たくさん食べることにも体力がいるんだなあと実感しつつ、食べることに疲れてきました。

このままエンドレスに食事が続きそうな応接間を後にしたのは時計の針が重なる頃でした。男性用の応接間にいるはずの招待してくれたアブドゥルアジーズ氏にはまったく会えず、使用人以外の男性は一切見かけませんでした。

女性たちは一回の食事でたくさんは食べないものの、長い時間を費やして食べ続けます。これでは太るのは当然です。新聞や雑誌で「ラマダーンは栄養過多に注意！」という記事が多いことを身をもって理解したディナーでした。

男性同士で過ごすラマダーンの夜

ラマダーンになると、あちらこちらに特設の簡易レストランができますが、これを一般に「ラマダーンテント」と呼んでいます。これはキャンプをするときに張る三角形のテントを指すのではなく、簡素な小屋のようなものから、鉄筋の大きな建物まで含まれます。

ラマダーンテントは、毎日の断食の時間が終わる日没時に開きます。ラマダーンテントの本来の意義は貧しい人に日没後の食事イフタールを無料で提供することです。いくつかのモスクには無料ラマダーンテントが特設されます。外国人労働者は日没になるとそこに集まり夕食を食べます。イフタールは飢えたお腹を満たすため集中して食べるので、食べている時間は1時間程度です。

一方、ホテルや人気観光地の近くに特設されるのが有料ラマダーンテントで、これは夜明けまで開いています。有料ラマダーンテントでは、閉店後イフタールの時間が始まります。その数時間後、スフールの時間が始まります。スフールとは、1日の断食を開始する前に食べる食事のことで、本来は朝3時から4時頃に食べるものですが、有料ラマダーンテントでは夜10時から朝3時頃までがスフールタイムとなります。ここでスフールを長々と食べながら夜通し過ごすアラブ人は少なくありません。

有料ラマダーンテントの常連はアラブ・中東の男女です。家族や友達同士で来ているので、ひとつのグループはだいたい5人以上です。

テント内にはまったりした時間が流れていて、スフールを食べているアラブ人たちは根が生えたように動きません。

夜中の有料ラマダーンテントで欠かせないのは水タバコ（シーシャ）です。水タバコは吸いきるのに2時間ぐらいかかるので、水タバコ愛好者はオープンエアの場所でゆっくり吸ったり吐いたりして白い煙をくゆらせています。トランプに興じている人たちもたくさんいます。イラン人らしき女性だけのグループ、アラブ人男女混合グループ、UAE人男性だけのグループなど、いろいろなグループがトランプをやっています。バックギャモンをやっている人たちも多いです。バックギャモンは二人でやるゲームで、これも男性同士、カップルなどさまざまです。トランプやバックギャモンのセットはラマダーンテントで無料で貸してくれます。

ある日の夜、シーシャ、トランプ、バックギャモンという三つ巴のグループが展開する中、私はUAE人、日本人とともにアラビア湾岸地域で人気があるトランプゲーム「ハカム」で遊びました。ハカムとは「規則」の意味です。四人か六人で遊ぶハカムは配られたカードの良し悪しによってある程度勝敗が決まりますが、頭脳ゲームでもあり、運と実力が両方試される楽

楽しい!!

しいゲームです。延々と続くので、ラマダーンの長い夜には好んでプレイされるそうです。「これをやっていると時間が経つのも忘れて熱中する」とＵＡＥ人に言われていましたが、確かにその通りで勝てば雄たけびをあげ、負けると悲鳴をあげてしまうような興奮するゲームです。しかし、イスラームで賭け事は禁止されているので、トランプゲームでお金を賭けることはなく健全です。10時半ごろハカムを始めたわれわれは、スフールを食べながらラマダーンテントが閉店となる朝3時までしぶとくプレイし続けました。

店の外に出ると夜空には明るい星が見えましたが、店から近い高層住宅街の家々にもポツポツと明るい光が灯っているのが見えました。「今起きている人たちはスフールを食べているんだな」と思うと彼らに対し、まだ真っ暗な夜明けに起きている者同士としての親近感がわいてきました。

一夜で千月分のご利益が得られる日

日本の千日参り*（千日詣で）は、特定の1日に寺社に参詣をすれば千日分の効果があるというお参りですが、イスラームには千日分どころか千月分祈った効果があるというライラトゥルカドルのお祈りがあります。ライラトゥルカドルとは運命の夜、力の夜、布告の夜などという意味です。

ラマダーン中になされる礼拝は、普段の月にする礼拝よりずっと効力があると信じられており、1日五回の礼拝も長めにするそうですが、さらにラマダーン特有のタラーウィーフという夜の礼拝が加わります。

ラマダーン最後の10日間はなおいっそうお祈りの時間が増えたり、密度が濃くなったりします。カドルの夜が最後の10日間のどれかに来るからです。カドルの夜とは、クルアーンが人類に伝えられた日で、この一夜にお祈りをすると千月分お祈りをしたのと同等のメリットが得られると考えられています。

イスラーム教徒は天使の存在を信じています。天使は数多くいるそうですが、カドルの夜には天使ジブリール（ガブリエル）をはじめとする天使たちが楽園から降天し、計り知れない慈悲を人々にもたらすと言われています。

ところが、カドルの夜にあたる日は正確にわかっていません。神が預言者ムハンマドにはカドルの夜の正確な日と時間を教えたそうですが、預言者が人々にこれを伝えようとしたとき二人の男が議論していたのに巻き込まれ、日にちと時間を忘れてしまったらしいのです。

はっきりしているのはラマダーン残り10日間のうち奇数の日、すなわち21日目、23日目、25

日目、27日目、29日目のいずれかの夜のいずれかの時間帯です。そこで、イスラーム教徒は偶数日も含めラマダーンの残り10日間の夜間、さらに熱心に祈ります。この期間、学生たちはいつもよりまじめに見え、授業が終わるとすぐに帰宅します。

断食月を楽しみにしていたイスラーム教徒にとって、ラマダーンが終わりに近づく頃はラマダーン明けの楽しいお祭りが近づいてきた、という嬉しい気持ちと、ラマダーンが終わってしまう、という寂しい気持ちが交錯するそうです。

日本の千日参りは日にちが決まっていますが、イスラームのライラトゥルカドルは明確に決まっていないので、多くの日を真摯《しんし》な祈りに費やせるのかもしれません。

（＊千日参り……千日続けてお参りする意味もあり。）

⚜ラマダーンの意義とは？

ラマダーンはイスラーム教徒にとって礼拝の時間や密度が増えることで神と近づき、その恩恵を感じる神聖な月です。ラマダーン中に行う断食は飢えている人の気持ちを理解することや困難に耐える精神力を養うことなどを目的としていますが、ラマダーンを象徴するキーワードだと私が思っているのは「集まること」と「与えること」です。約1ヶ月間のラマダーン中、家族・親族や親しい友人が一同に集まって毎晩食事をする習慣を人々はとても大切にしています。

昔と違い、UAEでも現在は家族のメンバーがオフィス勤務、勉学、レジャーなどそれぞれの用事で忙しく、ひとつのテーブルを囲むことが少なくなっています。ですから1ヶ月間に渡り血のつながる人々と同じ場で同じ物を食べることはとても意義があるようです。食事もテレビ鑑賞も夜長も大勢で楽しんでいますが、これらのことを楽しめるのはめいめいが日中断食しているからこそです。断食という厳しい規則をともに守った人同士は仲間のような気分になるようです。イスラーム教徒全員が断食を遵守しているわけではないですが、UAE人はかなりの比率で規則どおりに断食をしているため社会に一体感が生まれています。

ラマダーンの月が終わったあとの祝日でも特別な肉料理を食べたりバーベキューをしたりして、みんなで一緒に過ごします。

ラマダーンは、恵まれない人々に普段より施《ほどこ》しを与える時期でもあります。慈善団体や教育機関は寄付金受付箱をいろいろな場所に用意して盛んに寄付を募っています。各ショッピングモールでもラマダーンには大きな箱がいくつも用意され、人々は衣類や学用品、本など、まだ使えるものを箱に入れて喜捨します。

ラマダーン中は家で作った食事をモスクに持っていって近所の人々や貧しい人々に配ること

もあります。

ラマダーンの月にイスラーム教徒が日中に断食する、ということは非イスラーム教徒にもよく知られていますが、ラマダーンで忘れてはならないのは、日中の飲食を控えることだけでなく、日中は「あらゆる欲望を抑えなくてはならない」ということです。何かに腹を立ててもいけません。ヨルダン人の50代の男性ガッサーン氏は「飲食を絶つことはすぐに慣れるので難しくない。でも一切の欲を絶つことは本当に難しい」と言っていました。同じようなことをいろいろな人から聞きます。

ラマダーンが終わった時の喜びが大きいのは、神が課した精神的にも肉体的にも厳しい試練に耐えたことの証しなのかもしれません。

「イード・ムバーラク！」――ラマダーン明けの祝日は活気に満ちる

ラマダーンが開けた夜は急に街が活気付きます。街のいたるところに「イード・ムバーラク（断食月明けの休日、おめでとう）」というのぼりが立ちます。洋菓子売り場には「イード・ムバーラク」という文字が飾られたケーキが登場し、アラブ諸国のテレビ局が放送する番組にも歌番組が復活します。ホテルや観光地ではラマダーン中に禁止されていたベリーダンスショーが再開されます。

断食月明けの祝日の正式名称は「イードルフィトル」で、イードとは祝祭、フィトルは断食明けという意味です。数日続くイード休暇は親族同士が訪問しあったり一堂に会したりする華やかな行事です。

休暇が始まる数日前から、イスラーム教徒たちはイード休暇用のごちそうを用意するために忙しくなります。民族衣装や洋服を売る店も混み出します。「イードは新しい服を着て華やかに迎えるべき」という教えがあるので、新聞にはラマダーンの中旬からイード休暇を見込んだ衣料品や食料品の広告が多く載るようになります。

ラマダーンの月末にみんながせわしなく動いている雰囲気は、日本の大晦日のようです。

ラマダーン明け直前直後は生きているヤギを積んだトラックにまちなかでよく遭遇します。普段はこのようなトラックを見ることはほとんどありませんが、イード休暇にはごちそうとして食卓にのぼるヤギが郊外から運ばれてくるのです。羊や牛もイード休暇のごちそうになりますが、酷暑のＵＡＥは羊や牛が育ちやすい気候ではないため、ヤギが盛んに飼育されています。

「家では誰が屠畜をするの？」とＵＡＥ人に聞くと「かつてはどの家でも父親が屠畜の正しいやり方を知っていたが、現在ではほとんどパキスタン人の食肉業者にお願いしている」と言っ

断食明けの
休日
おめでとう!!
EID
MUBARAK
Eid
Mubarak

ていました。

イード用のヤギ肉はいろいろな方法で入手します。たとえば家や郊外の別荘でヤギを飼っている人は食肉業者をそこまで呼んで屠畜してもらう、ヤギを飼っていない人は食肉をデリバリーしてもらう、または市場にて生きたヤギを選び業者に屠畜してもらう、などです。

ラマダーンが終わる時期には携帯電話にもイード特有のメッセージがたくさん入ってきます。洋服屋からは「ラマダーン明けバーゲン。〇〇%オフ」などの宣伝、電話会社からは「イード休暇特別レート。海外通話もお徳」という宣伝が届きます。ホテルからは「祝日特別割引」の電子メールが届きます。イスラーム教徒同士では「イードおめでとう」のメッセージ交換がSMSやフェイスブック、ツイッターなどで飛び交います。

アラブの子供たちはとりわけイードを楽しみにしています。なぜなら日本のお正月のように、お年玉「イーディーヤ」をもらえるからです。お年玉の金額を何人かのUAE人に聞いてみたところ、子供には5ディルハム札（約150円）、10ディルハム札（約300円）一枚ぐらいのことが多いようです。高校生・大学生でも、たいてい100ディルハム札（約3000円）程度と聞きました。イード休暇は年に二回あり、イーディーヤは二回もらえるので、一回の値段は少ないのかもしれません。一人ひとりから貰うイーディーヤの金額は少なくても、親族の多いアラブのことですから、みんなからかき集めれば総額はけっこうな金額になるのでしょう。

第五章

イスラームに基づく身なり

1. 女性

⚜外出時に着る黒づくめの「アバーヤ」と室内着であるワンピース「ジャラービーヤ」

「黒いものがたくさんうごめいている……」。言い方は悪いですが、これが初めてザーイド大学の女子セクションに入ったときの印象でした。見渡す限り、頭のてっぺんから足元まで全身を黒い布で覆った女性たちで埋め尽くされていたのです。日本ではまったく見ない異質な服装だけに言い知れぬ威圧感を感じ、自分が黒尽くめの集団に飲み込まれるような気がしました。大学で数ヶ月を過ごすうちに黒装束を見慣れてきましたが、今でも女性が集団でいると圧倒されるような気持ちになるのは変わりません。

イスラームでは「女性は美しいところは人に見せぬよう、胸にはおおいをかぶせるよう」に命じています。これは男性が不必要に女性に興味を持たないようにし、女性の身を守るためと説明されています。UAE人女性は生理がはじまる頃すなわち10歳から12歳ぐらいになると、この教えにそって体の線や髪の毛を家族以外の男性に見られないよう、外出時にはアバーヤと呼ばれる薄手の外套で覆います。これは法律ではなく慣習です。イスラーム教国によって女性教徒の伝統的な衣服は違いますが、ＧＣＣ諸国の女性は黒のアバーヤを着ます。黒が一番姿が目立たない色と考えられていることなどからアバーヤは黒になったそうです。

下半身は「足首まで隠すべき」と考えられているので、アバーヤの丈は地面すれすれの長さです。婦人警官の制服も大きめのジャケットに足首まで届く長いスカートです。

公立の小学校・中学校・高校の標準服もウェストがゆったりして丈が足首まで届くジャンパースカートと長袖のシャツです。

ＵＡＥの伝統的な室内着は「ジャラービーヤ」と呼ばれるワンピースです。少女から高齢の女性まで着ます。ジャラービーヤを着た女性を初めて見た日本人の小学生が「お姫様みたい！」と言っていました。ウエストはベルトなどで締め付けずゆったりとしていて、長さは足首まで届くので優雅な雰囲気です。ＵＡＥ人のお宅を訪問するとお母さんはたいていジャラービーヤを着ています。アバーヤと同じように長袖のすそ広がりのT字型で、ボタンやジッパーはなく首からすっぽりかぶります。水玉模様のもの、刺繍が施してあるもの、柄の布地を使っているものなど、さまざまなジャラービーヤがあります。

アバーヤとジャラービーヤの着心地を試してみたら、この服装が日光の照りつけが厳しい土地に適していることがよくわかりました。アバーヤの生地はたいていテロテロでふにゃふにゃのレーヨン、ジャラービーヤは薄手のコットンです。締め付けないで着るので、歩くたびにフワフワ、ブワブワと風が起こり、暑い所を歩いていても涼しさを感じることができます。

アバーヤを着ていれば直射日光から全身の肌を守ることもできます。これにスカーフとベールをつければ、日傘を差さなくてもUV対策はバッチリです。

スカーフを着けているときと外しているときではまるで別人

UAE人の女性は「美しいところは人に見せぬよう」というイスラームの教えに従い、髪の毛と首回りをスカーフで覆います。スカーフはアラビア語でヒジャーブと呼ばれます。髪の毛を見せてもよい男性は結婚する可能性のない人、つまり祖父、父親、兄弟などです。

ベールやスカーフには髪の毛や顔を隠すという役割のほかに、砂の混じる風から顔を保護するという役割もあります。

UAE人のスカーフは黒色が基本ですが、色地の布を巻いている女性もいます。これも髪の毛を隠すという目的を果たす限り、何色でもどんな生地でも構いません。

女子学生の家を訪問したとき、ちょうど外出から帰宅したばかりだというお母さんが挨拶に来てくれました。頭にはスカーフをかぶり、黒いアバーヤを着ていました。お母さんは挨拶が終わるとすぐに部屋を出て行きました。

数分後、別の女性が同じ部屋に入って来ました。お母さんとよく似た顔の女性だったので「お母さんの妹ですか」と訊ねたら、「私がお母さんですよ」と言われました。同一人物だったのに、二度目に部屋に入ってきたときは、アバーヤを脱いでスカーフもはずし、髪の毛を垂らしていたので別の人物かと間違えてしまったのです。お母さんはスカーフをしているとき、一本も髪の毛を見せず慎ましやかな感じに見えましたが、スカーフをはずしたら華やかで若々しく魅力的な印象に変わりました。また、アバーヤを脱いだらお母さんは体がふくよかなこともわかりました。この変化を見て、イスラームではなぜ女性に髪の毛を隠し、胸にはおおいをするよう命じているか、理解できるような気がしました。

ベールを顔の前に垂らして目以外の顔を全部隠す人もいます。ベールはアラビア語でニカーブと呼ばれ、たいてい黒色です。UAEで一番肌を見せないタイプの女性はアバーヤを着た上にスカーフとベールをつけて黒い手袋をはめ、完全に肌を隠します。「女性の手は男性にとって魅力的である」と考え、手も隠す女性がアラブのイスラーム教徒にはいるのです。

サウジアラビアやイエメンの女性はベールを常に着用していますが、UAEの女性でベールをつけている人はあまりいません。

家の中では
ジャラービーヤ
外では
アバーヤ

女性のパスポートや運転免許証の写真はどうなっているのかと思い見せてもらったら、髪の毛と首回りはスカーフで隠していますが、顔ははっきり写っていました。

空港のパスポートコントロールでは脇に小部屋があります。ベールで顔を隠している女性が係員に顔を見せるために使うそうです。その場合、係員は女性です。

ザーイド大学にてベールをつけている学生は1割ぐらいです。あるイギリス人男性教員は「自分が教室に入っていくと、さっとベールで顔を隠す学生がいる」と教えてくれました。場合によってベールをつけたりはずしたりしている女性もいるようです。

女子しかいない日本語クラスでもベールを常時つけている学生がいます。各教室には窓ガラスがあるので、男性教職員にのぞかれる可能性があると考えているのかもしれません。発音練習のときに学生の口の形を確認したいのですが「そのベールをはずして」とは言えません。ベールをつけるのは彼女の権利だからです。

ベールではなく、黒いスカーフで顔を全部おおっている女性もいます。これでは視界が悪いのでは？　と思ったので、試してみました。すると他人から自分の顔はまったく見えませんが、こちらからは見えます。はっきり見えるというほどではないけれど、見ることに支障はありません。これはマジックミラーのようでした。

⚜口を隠す習慣――女性の口は男性を魅了するため

ザーイド大学の学生食堂は大学の中で一番にぎやかな場所です。食べ物を前に仲良し同士で集まれば笑い声あり、叫び声あり、明るい雰囲気につつまれています。ヤシの木が並ぶ美しい中庭に面しており、大きな壁ガラスからは自然光がふんだんに差し込み開放的な雰囲気がただよっています。

しかし、そんな開放的な学食のとなりに、「学生食堂」という表示だけが書かれたまったく中が見えない小さな部屋があります。

何年も私はその部屋に気が付きませんでした。しかし、ある日そこに食事のトレーを持って入っていく女子学生がいたのでようやくその存在を知りました。近くにいた学生に聞くと「この食堂は食べるところを男性に見られたくない女性が利用します」という答えが返ってきました。女性の中には、男性に口を、とりわけ食べているときの口を見せたくない人が少数ながらいます。なぜなら口は男性を魅惑するものであり、男性の目から隠すべきものだと考えられているからです。これはアラブ人イスラーム教徒の一部の考え方です。

ザーイド大学にて昼食時にいる学生は全員女子です。しかし、学食では男性教職員や男性訪問客も食事をとります。つまり学食には男性が出入りするので、そこでは食べたくないと考える女子学生がいるのです。

また、女性同士でいるときは顔を出している女性が、男性が近寄ってくると突然口を隠すことがあります。または、男性が多いところに行くときに最初から口を隠す女性もいます。口の隠し方は手で覆ったり顔の左右に垂れているスカーフで覆ったりします。一緒にいる女性が、男性が近づいてきたのを察知して急に口をスカーフで覆うと、その反射神経に驚いてしまいます。この行動は彼女にとって「男性が近づいてきた＝口をいそいで隠さなきゃ」という条件反射になっているようです。

ベールのほかにも口と頬を隠すブルカという道具があります。ブルカをつけた女性をはじめて見たときはギョっとしました。大きなくちばしをつけているように見えるのです。ブルカの素材は皮か紙製です。色は黒か金で、頭からかぶります。ブルカをつけたらベールはつけません。「女性の口元と頬は男性にとって魅力的な部分なので、これを隠すことで女性の貞節を表す」と教わりました。この道具はＵＡＥとその周辺だけで使われています。なお、アフガニスタン等でブルカと呼ばれているものとＵＡＥのブルカは違います。アフガニスタンのブルカは頭部を含めた全身をすべて隠す外套です。

現在ＵＡＥでブルカをつけている女性は少数の年配層ですが、かつては既婚女性がよくつけていたそうです。日本語の授業で福笑いをしたとき、おたふくの目や鼻のパーツのほかにブルカも作り、ＵＡＥオリジナル福笑いにしたところ、学生に好評でした。

❖アバーヤとスカーフを身につけたまま浴衣《ゆかた》を着る？

あるとき、ザーイド大学女子日本クラブに、日本アラブ首長国連邦協会から色とりどりの浴衣が五着贈呈されました。学生たちはさっそく「浴衣を着てみたい」とせがむので、「じゃあアバーヤを脱いで」と言うと、「アバーヤは脱げません。アバーヤの上から着ます」と言います。「でも浴衣だって腕も足も隠すから、アバーヤとほとんど同じじゃない？　アバーヤの下に服を着ているんだし、アバーヤを着たまま浴衣を着たら、着膨れしてしまうよ」と提案しましたが、男性がいない教室でもアバーヤは脱ぎたくないようです。そこでアバーヤの上から浴衣を着ることになりました。すると、頭には黒いスカーフをつけたままで襟元はスカーフで密閉され、浴衣のそでの先とすその先から黒いアバーヤがのぞいているＵＡＥ人独特の浴衣姿ができあがりました。奇妙な格好でしたが、学生たちがこれで喜んでいるのならこの着方でもよいのだろう、と思いました。

ＵＡＥ人女性は家の外ではアバーヤとスカーフをつけており、これを公の場で脱ぐことはほ

YUKATA〜
ピース
これもアリかな

とんどありません。学校で科学の実験をするときもアバーヤとスカーフの上に白衣を着ます。美術の時間もアバーヤの上に汚れてもよい上衣を着ます。学園祭で食べ物屋を出店する学生はアバーヤの上からエプロンをつけます。

海で水遊びをするときですら、イスラーム女性教徒用の水着があるにもかかわらずアバーヤを着たまま海に入る女性がいます。黒装束の集団が浅瀬で戯《たわむ》れている姿は不気味です。

イスラーム女性教徒用の水着はダイビングやサーフィンのウエットスーツに似ており、長袖、長ズボンで全身を覆うことができます。フードがついているので頭も首も隠れ、髪の毛はいっさい見えないので、イスラームの教えに反しません。それにもかかわらずアバーヤから着替えない女性がいるのです。

これくらいアバーヤを常に着ていると、同性の前でも肌をさらすのが恥ずかしくなるようです。それがよくわかるのが、大学の女子更衣室です。更衣室には女性トイレのように両側に小部屋がたくさん並んでいます。「トイレかな？　でもどうしてこんなにトイレが多いんだろう？」と思い中を開けてみるとからっぽです。ここは一人ひとりの更衣室だったのです。更衣室には共有の広いスペースがあるというのに、さらに一人で使えるスペースもあるというわけです。

奥へ行くと、再びトイレの個室が並んでいるようなところがありました。こちらは個別のシャワー室でした。ドアもカーテンではなくきちんと閉まるようになっています。

ＵＡＥ人女子は小学校高学年ぐらいから外出時にはアバーヤを着て肌を隠すようになるので、それに慣れてしまい家の中でも長袖、長いスカートやズボンでいることが多くなります。「妹に腕を見られるのも恥ずかしい」と言う女子もいます。

このような女性たちにとってアバーヤはもはや肌のように馴染んでいるので、アバーヤの上に何かを重ねて着ることに抵抗がないようでした。

アバーヤでおしゃれを楽しむＵＡＥ人女性たち

「アラブの女性は全身を覆う黒いアバーヤを着させられていてかわいそう」

このように言う外国人はよくいます。私もドバイに引っ越すまではそのように思っていました。

ところがドバイに来てからは、アバーヤは体の線と肌を隠す、という本来の目的のほかに、個性やファッションセンスを表す大切な手段であることがわかってきました。アバーヤには既製品もありますが、ほとんどのＵＡＥ人女性はアバーヤを専門店にてオーダーメードで仕立てています。自分の好きな形や模様を職人に伝え、オリジナルアバーヤを作るのです。模様なしのベーシックな黒い無地アバーヤを好む女性も、そのデザインや生地の質などにこだわりがあります。

模様がある場合は、きらきら光るラインストーンをちりばめたもの、刺しゅうをあしらったもの、生地の上から絵を描いたもの、それらのコンビネーションなど、多種多様です。大学の女子セクションは美しいアバーヤの見本市のようで、私はいつも学生たちのアバーヤ鑑賞を楽しんでいます。

アバーヤには流行のスタイルもあります。日本の着物にアバーヤデザイナーがインスピレーションを受けて2000年代後半に発表したのが、キモノアバーヤです。標準的なアバーヤは、首周りが丸く袖も筒型ですが、キモノアバーヤは着物のように首元がVネックで袖が長くたれています。

2000年代は「ちょうちょ（蝶々）型」のアバーヤも流行しました。これは手を開くと蝶が羽を広げたような形になるのが特徴です。着心地はゆったりして気持ちよく軽やかな気分になります。

「私はアバーヤデザイナーです」と自己紹介するUAE人女性はたくさんいます。海外に進出している売れっ子デザイナーも数人いますが、有名ではなくても自分でデザインしたアバーヤを売っている女性はかなりの数にのぼります。たいていのＵＡＥ人女性は、アラブ人イスラーム教徒であることを示す黒いアバーヤに誇りを持っています。そのうえで自分の個性をアバーヤを使って表現して楽しんでいます。

着心地よりもセクシーさを強調する下着や寝巻き

「妻は夫を喜ばせるように」というイスラームの教えに基づくのか、ＧＣＣ諸国の女性は下着や寝巻きに凝るようです。

ＵＡＥ人女性と寝巻きの話になったとき、「えっ？　ナオミの寝巻きは上下分かれていて、下はズボンなの？」と驚かれました。それを聞いて私が「あなたはネグリジェしか着ないの？」と聞き返すと、それ以外にはありえない、というような反応をされました。

私はＵＡＥ人女性からプレゼントされたネグリジェを持っています。首周りや袖の先、すそに振り振りのレースがたくさんついている少女趣味的なネグリジェですが、パジャマ派の私は気恥ずかしくてまだ一度も着たことがありません。

下着も下着屋の店頭で見る限り、日本では見たこともないような斬新な形や色が多く並んでいます。明らかに着心地よりもセクシーさを強調するデザイン重視型です。UAEではサウジアラビアの下着メーカーの製品がよく売れています。

ショッピングモールを歩いていると、見ている方が恥ずかしくなるような下着屋のマネキンが目に飛び込んできます。寝そべって下着しか履いていない両足を投げ出しているポーズのマネキンや、巨大な胸を強調しているマネキンなどがショーウィンドウからなまめかしい姿を披露しています。

イスラーム女性教徒は一般に顔と手以外の肌、体のライン、髪の毛を隠すように教えられているため、ほとんどのUAE人女性がそれに従っています。しかし、マネキンの女性ならおおぴっらに肌を見せて、男性の気を引くようなポーズをとっていても許されるようです。国民の服装について厳しく統制されているドバイにて、こういう色っぽいマネキンがあろうとは予想だにしませんでした。

一方、UAEのなかでイスラームの戒律に一番厳しいシャルジャ首長国では、2008年2月に「マネキンは首なし、またはのっぺらぼうのものを使用すべし。人体に似たマネキンは使用不可」という規則を発表しました。マネキンはイスラームで禁止している偶像崇拝につながるし、人体に似たマネキンは男性によからぬ影響を及ぼす可能性がある、という理由です。今

いいの？

のところシャルジャに追随する首長国はありません。

髪を短くしている女性が珍しい理由

日本語クラスの学生ナダさんは浅黒い肌に大きくてきれいな目が目立つ、飾り気のないさっぱりした女子学生です。ナダさんのいとこのお姉さんの結婚パーティでナダさんに会ったとき、スカーフをはずした彼女をはじめて見ました。彼女の髪型は生まれつきの巻き毛が躍動して見えるショートカットで活発な彼女によく似合っていました。私はもともとスポーティなショートカットが好きなので、「わぁ、かわいい髪型で素敵。とても似合ってるよ」と言うと「自分では気に入っているのだけど、親は好きではないんです」と少し下を向いて答えました。

イスラームでは「妻は夫を喜ばすように」という教えがあり、アラブでは「男性は女性の長い髪を好む」と考えられています。アラブ人女性タレントを見ても、たいてい肩より長い髪形をしています。娘を持つアラブ人の母親は、娘がよい結婚相手にめぐり合えるよう、娘が美しく長い髪を保つよう望んでいます。ですからUAE人女性の髪型はほとんどセミロングまたはロングで、お尻に届くほど長く髪の毛を伸ばしている女性も少なくありません。天然パーマで黒色の髪を持つ女性が多く、日本人より髪が黒光りしています。成人では栗毛色に染めている人も多数います。

結婚パーティでは一回ごとに何百人というＵＡＥ人女性を見ましたが、髪の短い女性を見かけることは稀でした。ナダさんに会ったパーティでも、スカーフをはずしている女性の中でショートカットはナダさんしか見当たりませんでした。

イラク人女性とヨルダン人女性がそれぞれ自国の女性について書いた本によると「娘は髪を短くしたいけれど母親がそれを許さない」というケースもあるようです。

独身女性が髪を長く保っているのは、結婚相手として選んでもらいやすくするため、またいざ結婚相手が決まったときに相手により多く気に入ってもらえるようにするためなのでしょう。「髪の毛を見せると見知らぬ男性を魅惑してしまうから髪の毛は隠しておく」というイスラームの教えがある一方、「夫を魅了するために髪の毛を長くしておく」のです。ただし、中年女性には肩ぐらいまでの長さのおかっぱも多いです。

ナダさんにはその後、別の結婚パーティでも会いましたが、そのときはスカーフをしたままでした。周囲の目線を避けたかったのかもしれません。

「女性は髪の毛を全部剃ってはいけない」と考えるイスラーム教徒もいます。男性の女装と女性の男装が禁止されているＵＡＥでは、女性の丸刈りは男装につながる、と見なされるようです。

日本語が堪能なエジプト人イスラーム教徒のナルミーンさんは女性の髪の毛について興味深い意見を聞かせてくれました。「GCC諸国の女性たちはメイドがいて家事の負担が少ないから髪の毛を伸ばせるけれど、私は無理です」。長い髪の毛の手入れは時間がかかるので、それができるのは家事をする必要のない時間に余裕のある女性だけだ、と言うのです。

髪の毛の長さはアラブ諸国にて女性の魅力だけでなく、時間的、金銭的余裕があるかどうかという尺度になるのかもしれません。

イスラーム教徒によって服装はまちまち

学生ナダさんのお姉さんであるリームさんは、外出時にスカーフをした上にベールで顔を覆って隠しています。一方、ナダさんはスカーフをつけるだけで顔を出しています。そこでナダさんに「同じ家族なのにどうして姉妹で格好が違うの?」と聞きました。すると「お姉さんは自分からすすんでベールをつけているだけで、親に強制されているわけではないんです」と答えました。リームさんは医学が学びたくて交通の不便なところにある大学までわざわざ通っている知的な女性です。このように同じ家族でも女性によっていでたちが違うことがありますが、お互いに相手の格好を尊重しているようです。

結婚後にベールをつけるようになったサーラさんは「主人がつけてほしいと言うからつけている。ベールをつけることに抵抗はない」と話してくれました。詩作が得意なザイナブさんは、大学生になってからスカーフをはずすようになりました。このように同じ人でもベールやスカーフの着用をするかしないかの習慣が、何かのきっかけで変わることがあります。

一方、友達同士でまったく違う格好をしているケースもあります。保守派の人が、保守派の対極のような人と仲良くしていることがあるのです。顔をベールで覆って目しか出していない保守的な30歳代のファラーさんはその好例です。ファラーさんに「ファラーさんが仲良くしている外国人の友達には、イスラーム教徒なのに髪の毛を全部出したりミニスカートを履いたりして刺激的な格好をしている女性がいるけれど、ファラーさんは気にならないの？」と聞いてみました。

するとファラーさんは「イスラームは神様と自分との関係を重視する。自分は神様に気に入られることをして楽園に近づきたいけれど、他の人と神様の関係に自分が口を出す必要はない」と答えました。さらに「イスラームの教えに沿った服装をしているからと言って、イスラームの道徳心があるとは限らない。イスラームで規定される格好をしていなくてもイスラームの道徳心のある人はたくさんいるから、私は何を着ているかという外見よりも中身で友達を選ぶ」と付け加えました。

2．男性

✤アラブ人男性の民族衣装である長いワンピース「カンドーラ」

イスラームでは「男性はおへそからひざまでは人に見せるべきではない」と教えています。アラブ人男性の民族衣装である長いワンピースはこの教えに沿ったプルオーバースタイルで、体を締め付けずゆったりしており、長さはたいていくるぶしまでです。ＵＡＥではこのワンピースをカンドーラ、またはディシュダーシャと呼びます。ジャラービーヤやトーブと呼ぶ国もあります。

アバーヤと同じように、カンドーラも既製品がありますが、たいていのＵＡＥ人男性は専門店で自分の好みのスタイルを伝えてオーダーメードをします。一見同じように見えるカンドーラも、首回りや袖口などに細かな違いがあります。カンドーラの生地で人気があるのは日本製品です。

カンドーラは純白が基本です。イスラームを説明する本には、「男性が着るのに好ましい色は？」という質問に「白。白は清潔を表すから」と書いてあります。「女性が着るのに好ましい色は？」という質問には「白以外何でも」と書いてあります。

しかし、近年は白以外のカンドーラも増えてきました。茶色系や青色系、パステルカラーは若者に人気です。カンドーラの色のバリエーションは今後さらに増えてくるかもしれません。

イスラームでは「清潔であること」をたいへん重要視しているため、汚れがついたり、しわくしゃのカンドーラを着ているUAE人男性はいません。カンドーラはいつも糊がきいていてピシッとアイロンがかけてあります。頻繁に新しいものに取り替えているようです。

公務員は基本的にカンドーラを着て職場に行きます。公立の小学校・中学校・高校の生徒はカンドーラを着て通学します。カンドーラが制服の役目を果たしているのです。国公立大学もたいてい学生にカンドーラ着用を求めます。

若者は私的な外出時は洋服を着るケースもよく見られます。若者の洋服の定番はポロシャツ、ジーンズまたはひざ丈のズボンにTシャツです。仕上げに大きめのサングラスをかけます。同じグループの中にカンドーラを着ている少年と洋服の少年がまじっているときもあります。

カンドーラを日常着ない男性でも、それを着ないからといって宗教心や国民意識が薄れてきている、ということはありません。結婚パーティや葬儀など改まった席では必ずカンドーラを

生地は日本製

着用しますが、そうでないときは気分によって民族衣装と洋服を使い分けています。

彼らが民族衣装を着るとき、私たちが着物を着るときのような非日常的な感覚や気負いはないので、民族衣装でも洋服でもどちらも気軽に着るのでしょう。

首元から長さ30センチぐらいのひものようなものがついているカンドーラがあります。このひもはタルブーシュと呼ばれています。男性はタルブーシュの先に香水を付けておき、その先を持って鼻に近づけ香りを楽しんでいます。またカンドーラ全体に香りをしみこませている男性もいます。

UAEの男性は、このようにかなりおしゃれに気をつかっています。

ターバンと黒い輪のイガール——ターバンの結び方はいろいろある

UAE人男性は、通常白い民族衣装を着て、頭には布を巻いたりかぶせたりします。この布の名称はいくつもあり、UAEではグトラと呼んでいますがクーフィーヤと呼ぶ国も多いです。グトラの下には髪の毛を押さえるタキーヤと呼ばれる水泳帽のような格好の白いメッシュ状の帽子をかぶります。GCC諸国以外のイスラーム教国では、タキーヤだけをかぶる男性が多いです。また、GCC諸国でも子供はグトラをせずタキーヤだけをかぶっていることがあります。

グトラは女性のスカーフやベールと同様に砂嵐や強い日光から顔を保護する役割があります。デザインは無地と柄ものがあります。無地のグトラは白一色です。柄物はたいてい白地に赤い千鳥格子や黒い千鳥格子で、GCC諸国の男性は赤い千鳥格子のグトラを好みます。パレスチナ人は黒い千鳥格子のグトラを使っています。イエメン人は色もデザインも個性的なグトラをつけている人が多いです。オマーン人男性はグトラを使う以外に平たい円柱形の帽子をかぶることもあります。

「UAE人はどうやって無地と千鳥格子のグトラを使い分けるの?」と多くの男性に聞いてみましたが、答えはわかりませんでした。UAE文化を説明する仕事をしているカルチャーセンター勤務の40代のUAE人男性は、「千鳥格子のグトラはかつて公務員が巻くものだったが、現在では誰でもいつでも巻け、単なるファッションになっている」と説明していました。

ただし、お葬式は白い無地のグトラを使います。

安い衣料店ではグトラが500円以下で売られていますが、西洋の有名ブランドが販売しているグトラは1万円以上します。美しい箱入りのブランド物グトラを買うと香水ビンも一緒に入っており、箱を開けると強い香水の香りがプーンと満ちてきます。

若い男性ではグトラの代わりに野球帽をかぶっている人も多く見られます。

ターバンの上に置く輪っかはイガールと呼ばれています。色は黒色のみで輪は二重になっています。

ＵＡＥの子供や若者はイガールをはめず、頭の後ろでグトラをラフに結びます。子供や若者は動きが活発なので、外れやすいイガールは使いません。グトラの結び方はいろいろな種類があり、好みや流行もあります。グトラの生地や模様、結び方にはその男性の個性が現れるので、グトラ観察は女性のアバーヤ観察と並んで私の楽しみのひとつでした。

ひげの存在価値——全員がひげを伸ばしているわけではない

２０１０年５月、群馬県伊勢崎市で男性職員に対して出された「ひげ禁止令」のニュースは、ドバイの英字新聞にも記事が載りました。このニュースにはＵＡＥ人全員が驚いたかもしれません。なぜならイスラームでは男性があごひげを生やすことを推奨しているからです。モスクで礼拝を指導するイマームたちも大抵あごひげを長く生やしています。

アラブ人たちは一般にひげが濃く、剃ってもどんどん生えてきます。10歳頃から鼻の下のあたりがうっすらと黒くなってきて、15歳頃には立派なひげが生えてきている少年もいます。日本人はよく「ひげはアラブ諸国にて一人前の証拠だから大人はみんな生やす」と説明しますが、必ずしもそうは言えません。イスラームであごひげは推奨されますが、口ひげは短くすべきと教えているのです。

しかも、おしゃれを自認するUAE人男性にとって、ひげもじゃは流行りの格好ではなく、ひげを脱毛する男性も少なくありません。「1日二〜三回剃る」と言っていた20代の男性もいました。地元の大学にて、ひげもじゃのUAE人学生を見るのはまれです。ほとんどの男子学生が全部剃っているか、あごだけ少し生やしているか、鼻からあごにかけてうっすら生やしているか、のどれかです。若い社会人も学生とあまり変わらず、ひげは薄く生やしているだけです。中年のニュースキャスターや番組のコメンテイターを見ていても、ひげを濃く生やしている人はほとんどいません。

若いUAE女子は、ハリウッドにしろ日本にしろ韓国にしろ、ひげが目立たないすっきりした顔立ちの歌手や俳優が好きです。しかし、UAE人男性に関しては「ひげがないとダメ」と主張します。ただし「濃すぎるのもダメ」とも断言します。UAEのお嬢さん方はなかなか注文がうるさいのです。

ドバイに引越してからひげに注意が向くようになり、ひげを染める人がいることをはじめて知りました。ひげの色が少々不自然な年配の男性を見かけるようになったからです。大型スーパーマーケットでもひげ専用染色剤を見つけるに至り、ひげを染めている男性は相当数存在することを確信しました。

ひげを染めるのはイスラームで推奨されることである、という考え方もあるそうです。また若々しさと威厳を保つためにひげを染める人もいます。建国の父ザーイド大統領の肖像画には黒々として濃いひげが描かれています。厚く覆われたひげ、しかも存在感のある黒色のひげを持つ人物が「統治者」というイメージにぴったり合っています。「ひげを生やさない男性が増えている」と書いたことに矛盾していますが、アラブには社会的立場によってひげ、しかも濃くて黒々としたひげが必要な男性がいます。

3．ＵＡＥに住む外国人

⚜なるべくＵＡＥの慣習に沿う服装が望まれている

ＵＡＥの隣国サウジアラビアでは外国人女性にもアバーヤ、スカーフの着用を求めますが、ＵＡＥでは外国人女性に対する服装規定はありません。男性に対しても同様です。外国人は出身国の民族衣装を日常で着ることもできます。しかし、政府は外国人にもなるべくＵＡＥの慣習に沿う服装を着用するように呼びかけています。

たとえば各ショッピングモールの入り口には「女性のノースリーブ姿禁止」というポスターが必ず貼ってあります。しかしこれは法律ではないので、ノースリーブで闊歩している外国人女性もたくさんいます。

公共の海岸では首長国によって女性のビキニが禁止されています。ただしホテルなどの私有地であるプライベートビーチはその限りではありません。

公共機関では、機関によって服装規定があります。たとえば国立ザーイド大学では男性の教職員はノースリーブシャツと半ズボンが禁止されています。

女性の教職員は、ひざとひじが隠れる服を着ていなくてはなりません。襟元が大きく開いている服も好まれません。多くの西洋人女性教師たちはパンツスーツ（背広とズボン）を着用しています。

私は以前の勤務先であるタイの公立高校でズボンが禁止だったため、ドバイに来た当時パンツスーツは一着も持っていませんでした。あわてて何着かパンツスーツを買いましたが、アラブの中高年層の男女は「女性はズボンを履くより女性らしくスカートを履くほうが望ましい」と考えていることがだんだんとわかってきました。そこでそれまで履いたことのなかった足首までである長いスカートを履くようになりました。そのうち足首丈のスカートにすっかり慣れ、着心地がよくなりワードローブにはロングスカートが増えていきました。

長袖と足首丈スカートの格好で大学に通っていると、休日に日本人に会うときでもその格好の方が落ち着くようになります。日本に一時帰国した際は、膝丈スカートやノースリーブのシャツを着ることに恥ずかしさを覚える自分に気付きました。普段肌を隠しているので、肌を見せることに抵抗が生まれたのです。自分の変化に気が付いたあとは、ＵＡＥ人女性が「妹に腕を見られるのさえ恥ずかしい」と言っていた気持ちがわかるようになりました。

ところで、大量にたまった足首丈のスカートですが、「ドバイを離れたら、このスカートはいらなくなってしまうけれど、どうしよう」と考えていました。そんなとき、マンションのとなりの家に住んでいるイスラーム教徒のエチオピア人メイドに「あなたの長いスカート、いらなくなったら捨てないで私にちょうだいね」と声を掛けられました。

そしてドバイを去るとき、私のスカートはお隣のメイドに渡りました。

第六章

男女別々の社会

⚜男性同士は鼻と鼻の先をくっつけ、女性同士は頬と頬を付ける挨拶

ＵＡＥ人の挨拶の仕方は、日本人の挨拶の仕方と大きく異なります。ＵＡＥ人を含めてＧＣＣ諸国の男性同士は鼻と鼻の先をくっつけます。これは毎日会っている人、身分や年が違いすぎる人とはしません。ＧＣＣ諸国の男性は鼻梁《びりょう》が高くて大きいのでこの挨拶ができるのかもしれません。鼻が低い民族では難しそうです。軽く抱き合う挨拶もよく見かけます。

女性同士は頬と頬を付けます。まずお互いの右側、そして左側、最後に右側の合計三回、または右側、左側の二回です。頬を付けるタイミングで舌打ちします。これも毎日会っている人とはしません。

現地の男女同士は体の接触は一切せず、声を掛け合うだけです。

ＵＡＥ人女性と日本人男性の挨拶は声を交わすだけです。日本人男性が手を差し出すと彼女たちは「ごめんなさい、握手はできません」と言ってきますが、「非イスラーム教徒の男性ならば握手をしてもよい」と考える女性もときどきいます。ＵＡＥ人男性と日本人女性の場合は、ＵＡＥ人男性が手を差し出してくればそれを受けて握手しますが、日本人女性の方から手を差し出すのは好ましくないようです。

男性
鼻と鼻をくっつける

女性
右ほほ→左ほほ→右ほほを
くっつける

なぜ男女間で握手を避けたほうがよいのかについて、イスラームの普及に熱心な30代のサイード氏はこう説明してくれました。「手が触れると情がわく。相手を意識するようになる。だから最初から触れない方がよい」。

しかしながら、若いUAE人や海外経験の多いUAE人には相手の習慣を汲み取り、性別を問わず外国人と握手をする人もいます。

その一方、女性と目を合わせないようにしているUAE人男性も少なくありません。これは「男女とも異性に対しては目線を下げるように、つまり異性をなるべく見ないように」というイスラームの教えに従った礼儀正しい行動です。

エレベーターホールでUAE人女性がエレベーターに乗ろうとして待っているとき、不思議なことがありました。来たエレベーターはすいているのに、その女性は乗り込まなかったのです。どうして乗らなかったのか聞いたら「男性がすでに乗っていたから」と答えました。男性と二人きりになりそうだったので彼女は乗らなかったのです。逆に、女性が一人で乗っているエレベーターには乗らない男性がいます。これらの行動は「誰もいないところで夫婦以外の男女が二人きりになるべきではない」という考えに基づいていたことをあとから知りました。

大学の卒業式でも不思議なことがありました。式には学生の家族が参列します。何組かの学生のご両親は、「いつも娘がお世話になっております」と私に挨拶しに来てくれました。しかし、サラーマさんの両親の場合は母親だけが声をかけてきました。どうしてサラーマさんのお父さんは挨拶をしてくれないのだろうと思っていたら、これは「女性が見知らぬ男性と接触をしないように」というお父さんの配慮であったことが、サラーマさんの説明であとからわかりました。

家や公共施設でも、男女別々の入り口や部屋がある

ＵＡＥ人のお宅に行くと、玄関が二つに分かれていることがあります。これは二世代住宅ではなく、男性用・女性用のそれぞれの応接間に通じる入り口です。玄関がひとつのお宅でも、応接間は男性用と女性用に分かれています。親族の集まりでもたいてい男女が別の応接間に分かれてくつろぎます。

イスラーム教徒がよく利用する食堂に私が一人で入っていくと「ここに座ってください」と店員に言われ、座る場所やコーナーを指定されます。このような食堂は、たいてい男性専用コーナーと家族用コーナーの二種類に分かれています。女性だけのグループまたは女性一人の場合は家族用コーナーに座ることになっています。家族用コーナーは個室になっていたり、仕

切りがあって外から見えないように配慮されています。男女が混じった大人数の家族・親族でレストランに入ってきた場合は、たいてい男女別々のグループに分かれて座ります。

公園で親族一同がくつろいでいる場合も、男性グループと女性グループが数メートルの距離を置いて分かれて座っています。

イベント会場でも半分に席が分かれていることがあります。その場合は右半分が男性、左半分が女性の席、または前半分が男性、後ろ半分が女性の席です。

モスクは男女別々の入り口があり、礼拝部屋も別々でお互いに会うことはありません。ショッピングモールやホテルの中などに設けられている礼拝部屋も男女別々です。役所や銀行での料金の支払い、運転免許証の公布場等でも男女別々の列が設けられていることがあります。

ドバイを走る鉄道は始発から終電まで女性専用車両が導入されています。公共バスは運転手に近い席に女性または家族専用コーナーがあります。タクシーは女性専用車が運行しています。これは女性運転手が女性客だけを乗せます。女性が運転するタクシーの車体は一部がピンク色に塗ってあり、男性運転手のタクシーと違うので、すぐにそれとわかります。自動車教習所でもイスラーム女性教徒は女性の教官に習います。この場合、運転手や教官はたいていパキスタン人女性です。ＵＡＥ人女性には「タクシーの運転手は必ずしも女性でなくてもよい」という意見の女性もいますが、女性の運転手はおおむね歓迎されているようです。

スポーツジムやカルチャーセンターも女性専用のものがあります。公共の海岸では女性と子供だけが使用できる「女性の日」が決められています。遊園地のプールにも女性専用の日があります。

医者にかかるときも、「女医さんのほうがよい」という女性がいます。「どちらでもよい」という女性もいますが、ドバイの病院やクリニックには女医がたくさんいるようです。

ドバイの高級住宅街にひっそりとたたずむ小さな公立図書館には男女別々の出入り口があります。図書館の中も二つに分かれているのかな、と思ったら図書室は一緒でした。このように男女分離が厳格でない場所もときどきありますが、本を閲覧するときは男女が別々のテーブルに座ります。図書館内にはテーブルに「男性用」「女性用」と書いてあるわけでも「同じテーブルで閲覧しないこと」と注意書きがあるわけでもありません。しかし、誰もが「男女は離れて座ること」という不文律をきっちり守っています。

⚜若い男女を引き合わせないように腐心する大人

アラブの子供専用チャンネルで放送中の人気アニメ『名探偵コナン』では、女性がミニスカートで登場するシーンが修正、または削除されるということを第三章で書きましたが、もうひとつ修正されている点があります。それは男女関係です。本来の設定では、男子高校生の主人公と準主人公である幼馴染の女子高校生はお互いに好意を持ちつつ相手に素直になれない、という微妙な関係です。しかし、アラブで放送されるときは「婚約者」同士に変えられていま す。『スラムダンク』もアラブで人気のあったアニメですが、この作品に出てくる恋愛関係にある男女は、「兄弟姉妹」になっています。他にも多くのドラマ、アニメの恋人同士が兄妹に変えられているそうです。

UAEでは男女が一緒に学べるのは、通常4歳から2年間を過ごす幼稚園だけです。公立の教育機関は小学校から男子校、女子校に分かれ、私立でも小学校高学年から男女の校舎が分かれます。10歳ぐらいからは近所や遠い親戚の異性とさえ遊ぶことが許されません。大人たちは、若い男女がお互いに興味を持たない環境を作ろうと腐心しているのです。

大学レベルにおいては、私立大学は男女共学です。一方、国公立大学は男女別学です。ですから娘を持つ親の多くは娘を国公立大学に入学させたがります。

国立UAE大学には男子と女子が在籍していますが、男子キャンパスと女子キャンパスは10キロぐらい離れています。双方のキャンパスの交流はありません。

UAE大学に1年留学していた日本人男子学生K君によると、卒業式などの儀式でも男子は大ホールの1階席、女子は2階席で、学生同士はまったく顔を合わせないとのことでした。1年間、男子寮にて現地の女子と触れ合うことのない生活を送ったK君は「出家僧の気持ちがよくわかった」と留学生活を振り返っていました。

国立ザーイド大学は、ドバイ校もアブダビ校も男女の学生がいます。UAE大学と違い、両校とも同じ校舎に男女が通います。しかし、ドバイ校は女子の授業が8時から5時まで、男子の授業は5時から10時までで、男女が一緒に授業を受けることもなければ顔を合わせることもありません。校舎は出入り口を男性用、女性用と分け、男性が使う教室と女性が使う教室の間にはまるで韓国と北朝鮮の国境のように緩衝地帯があります。その緩衝地帯の両側ではガードマン、ガードウーマンたちが学生の行動に目を光らせています。

アブダビ校は校舎が二分されています。左右対称にできている校舎の中庭の真ん中には高さ2メートル、長さ100メートルもあろうかという長い壁があります。はじめてその壁を見たとき、私はその存在に違和を感じ、そばにいた女子学生に「あの壁は何のためにあるの？」と聞きました。すると彼女は「男子キャンパスと女子キャンパスを分ける壁です」と答え「あの壁、何て呼ばれているか知ってますか？」と逆に質問をしてきました。私が答えに窮していたら「ベルリンウォールです」と教えてくれました。「冷戦時代の東西ドイツを分けるため屹立《きつりつ》していたベルリンの壁のごとく、両側が決して交わることのないよう無情にそびえる壁」という意味で学生たちが名づけたそうです。

しかしながらインターネット上で親の目を盗んで交流している若いUAE人男女も増えてきています。アブダビ校の「ベルリンの壁」も崩壊するときが来るかもしれません。しかし、若い男女をかたくなに分離しようとしている親の世代が交代するまで「ベルリンの壁」は保持され、それが崩壊するときが来るのは、数年後というような近い将来ではなくもっとずっと先の話になるでしょう。

GCC六ヶ国の主要国立大学の間でも男女学生の扱いは違います。バーレーン、クウェート、オマーンでは男女が一緒の教室で学べます。ただし、「離れて座るように」と指示する規則はなくても自然に男女が分かれて座るそうです。学食が男女共有かどうかは大学によって違いますが、男女共有の場合も男女は分かれて座るそうです。サウジアラビア、カタールはUAEと同様に男女のキャンパスそのものが別々です。

力作の手作り料理も異性にはあげられない

「花嫁修業」にあたる言葉をUAEでは聞いたことがありません。10代後半から嫁ぐ女性も少なくないので、女性にどんな能力があるか、何が好きか、ということは結婚を決めるとき男性側の親にあまり考慮されないようです。

小学校・中学校・高校でも家庭科の授業はありません。アラブ料理を教える料理学校はいくつかありますが、それらに通うのは外国人で、UAE人女性は通いません。

「お料理がうまいこと」は日本の男性にとって女性の大きな魅力のひとつですが、プロのコックや料理を担当するメイドがいるUAEでは日本ほどの価値を持ちません。

ですからUAEの若い女の子たちは料理などしないのだろう、と考えていました。しかし、大学生と接しているうち彼女たちは自分の興味のある料理だけは積極的に作ることがわかってきました。

たとえば大学で新入生のクラブ勧誘行事が開かれる日、日本クラブのサレーハさんはおにぎりを作ってきて新入部員に配っていました。おにぎりは海苔がきれいに巻かれていました。ブサイナさんは通常の授業日にカップケーキを20個ぐらい作ってきて、教室でクラスメートに配っていました。

マルヤムさんはある日の授業のあと、半透明の箱を持って来て言いました。「これ、食べてく

食べてください
手作り!? すご～い

ださい」。箱を開けると、きれいなお寿司がぎっしり詰まっています。さっそく食べるとなかなかおいしいです。

イスラームの戒律を遵守するマルヤムさんの家では、寿司飯を作るときアルコールが入っている可能性がある酢を使いません。ですから正真正銘な「ハラール寿司」です。

「巻き簾（寿司を巻くときにつかうスダレ）は使ったの？」と聞くと、「巻き簾は百円均一ショップで見つけました。お米は日本米を売っているスーパーマーケットで調達しました」とお米にこだわりを見せました（注：日本の百均ショップはアラブ・中東地域に進出しています）。ドバイで売っているお米はインド米が一番多いですが、インド米は炒めご飯に向いており、寿司飯はうまく作れないのです。

マルヤムさんは寿司作りの日、いつもより早い朝6時に起きました。作り方手順を念入りに予習していたそうですが、予想よりずっと時間がかかってしまったそうです。キッチンの中はひっちゃかめっちゃかに散らばり、あとから起きてきたお母さんはキッチンを見て悲鳴をあげたそうです。

マルヤムさんの家では、毎朝マルヤムさんと妹二人が、お抱え運転手の運転する一台の車でそれぞれ高校と大学に通っており、8時過ぎには三人で家を出発しなくてはなりません。しかし、マルヤムさんが寿司作りに手間取ったので三人揃って家を出る時間が遅れ、妹たちは高校に遅刻、マルヤムさんも一時間目の授業に出られなかったそうです。

そんな犠牲を払ってまで作ってきたお寿司だから、よけいおいしく感じました。

ブシュラさんは数種類のクッキーを焼いてきてくれました。美術学部で学ぶブシュラさんのクッキーはセンスのよい美しい箱に入っていたので、クッキーを食べ終わったあとはその箱を小物入れとして愛用していました。

ナダさんからは、ふんわりとシナモンの芳香がするフワフワの焼きたてパンをもらいました。あまりおいしかったのでレシピももらいました。

結婚前に異性と付き合うことが許されないUAEでは、せっかくおいしいお料理やお菓子を作ってもボーイフレンドにあげるということができません。そのおかげか私はしょっちゅう彼女たちの力作をもらう恩恵に浴しています。少々申し訳ない気分でありがたく頂いています。

⚜山ピーが演じた白虎隊に興味津々のUAEの女子学生たち

「A組の××くんて、かっこよくない?」とか、「△△男子校の文化祭、行ってみようよ」。UAEの女の子達にはこのような会話はありえません。公立校では、小学校から男子校・女子校に分かれ、私立でも小学校高学年に校舎を男女別々にするので、思春期を迎える頃クラスメイトに異性がいることはありえません。女子が男子校を訪れる、男子が女子校を訪れるなどもってのほかです。

通学も、家からの送迎車やスクールバスなどを使うので、知らない異性に接触することはほとんどありません。

結婚相手は家族や親族が決め、結婚前も後も、夫以外の男性と知り合うことがほとんど許されないUAE人女性にとって、知っている男性は親兄弟か近い親戚ぐらいです。

しかし、男性との接触に関してはいくつかの例外があります。たとえば大学で出会う男性の教職員です。

UAEでは公立小学校の教員は女性です。公立の場合、女子中学校・高校の教員も基本的に女性なので、男性に免疫がない女子学生たちは、大学の男性教職員に淡い恋心を抱いてしまうことがあります。大学の男性教職員は女子大生にとって物心ついてから初めて出会う男性なのですから、こういう事態が起こってしまうのは仕方がないことかもしれません。

一方、男子中学校・高校の教員は基本的に男性です。ですから大学で出会う女性教職員を慕う男子学生は少なくありません。

娘を持つ親は、娘が男性歌手や俳優などのタレントに興味を示すことは看過しているようです。外出を一人でさせてもらえないUAE人女性たちは家にいる時間が必然的に長いので、ドラマやアニメを見る時間が十分にあります。アジア好きの女性たちは、インターネットやDVDで英語の字幕が付いた日本や韓国の番組を熱心に鑑賞しています。

若いUAE人女性には日本人男性アイドルに傾倒している人も少なくありません。大学での入門日本語授業でそれをよく示すできごとがありました。ひらがなの「ぎゃ・ぎゅ・ぎょ、じゃ・じゅ・じょ」などの拗音を教えていたときです。「びゃ・びゅ・びょ」の音を発音させていたとき、「先生、びゃっこたいって何ですか?」という質問が英語で飛び出しました。「白虎隊のこと? 歴史上存在した兵団の名前ですよ」。あまりに突然予期していない質問を受けたためしどろもどろに答えると、学生たちは妙に白虎隊について知りたがっています。「あまり知らないのに、どうしよう」と思いましたが、せっかく興味を持っている若者の期待を裏切れません。そこで「1800年代の後半、日本では大きな政治的変化があって…」と、おぼつかない記憶をたどりつつ私は説明をしはじめました。

「白虎隊の評価はどうにしろ、国の将来のために真剣に考え戦った少年たちだと一般に考えられているよ」と話をまとめるとクラスに感嘆の声があがります。

「どうして白虎隊を知ってるの？」と聞くと「山ピーが白虎隊を演じていたから」とみんな一斉に答えてくれます。これは、ジャニーズ事務所の人気タレント山下智久君が主演したある年の新春特別ドラマで、それを学生たちはインターネットで見たようです。「びゃ」の音の発音練習から「びゃっこたい」へと話題が移ったクラスは、ひとしきり山ピーネタで盛り上がりました。

また、ある日のことです。授業が終わったあとに教室で学生たちがクラスメートのブサイナさんの誕生日パーティを開きました。みんなでケーキを食べ終わったあと、学生たちは室内を暗くしビデオの上映を始めました。登場人物は何と山下智久君とブサイナさんです。山下君ファンであるブサイナさんのため、山下君がブサイナさんの誕生日を祝っているような合成映像を作ってプレゼントしたのです。

大学で成績優秀者として何度も表彰されているオフードさんはジャニーズ事務所の人気男性グループ「Hey! Say! JUMP」のファンクラブに入っています。コンサートチケットの購入権利を獲得した彼女は、母親を伴いわざわざ飛行機で10時間以上かけて日本に行きました。

ザーイド大学アブダビ校で日本クラブに所属するハウラさんは、日本へ研修旅行に行く前、日本のレストランをアブダビから予約しました。それはジャニーズ事務所の人気グループ「嵐」

のメンバーの家族が経営するレストランでした。

若いUAE人女性に見られるこのようなアイドルへの熱の入れ方は、自国民の男性と自由に知り合えない、という現実への反動なのかもしれません。自分のお気に入りアイドルの話をするときの彼女たちは、あたかも自分の彼氏自慢をしているように嬉しそうです。

結婚に対しロマンティックな気持ちや期待感をあまり持っていない女子、「結婚と恋愛とは別物」と現実的に考えている女子も少なくないようです。そんなうら若き乙女たちが唯一現実から逃避し甘い世界に浸れるのが、自分の好きなタレントのことを想うときなのかもしれません。その想いは決して実ることがない、ということは誰よりもわかっているけれども、好きにならずにはいられない、という切ない恋心を彼女たちは抱いています。

華やかなドバイでひっそりと咲く恋の花。実はならない花ですが、可愛く咲いています。

結婚までのプロセス――ふつう男性側の両親や親族がお見合い相手を探してくる

UAE社会における婚約から結婚までの過程は、イスラームの教えとアラブの伝統が複雑に入り混じっています。結婚相手は基本的にお見合いで決めますが、UAEのお見合いは日本のお見合いとかなり異なります。

結婚へのアクションを開始するのはたいてい適齢期の男性を持つ両親や直系の親族です。彼らが相談して結婚相手にふさわしい家族を探します。どんなによい性格や美貌を兼ね備えた女性がいたとしても、まずはお互いの家同士の資産や名声がつりあわないと結婚対象として認められないようです。この段階で、男性の意見を取り入れる家族も取り入れない家族もあります。

結婚相手にふさわしい、と目される女性は多くの場合、遠い親戚から選びます。一族の者同士の結婚なら諸条件が揃い、一族の資産が他の家族に流れることもないからです。

男性側の家族の意見が一致したところで男性の両親や直系の親族が女性の家を訪問し、結婚を打診します。男性本人もたいてい一緒に行くようです。求婚された女性または女性の親は、意にそぐわない場合、結婚の申し込みを断ることができます。女性が求婚を断る権利があることはイスラームの教えに明記してあります。ただし断った場合、ルールとして誰を断ったかは公表しないことになっているそうです。

女性の家族が結婚の申し込みを承諾した場合、双方で結婚に関する段取りの相談をはじめます。たとえば「マハル」すなわち男性が女性に払う結婚資金の額や、離婚した場合に男性が女性に払う慰謝料などを決めます。マハルの額を巡って両家族の意見が折り合わず、破談になるケースがたびたびあるようで、私の周りでも二組がマハルの額の不一致で破談になりました。

⚜政府の資金援助で行われる集団結婚パーティも

イスラームでは男性が四人まで妻を持てるので、男性が二人以上の妻を持つこと、すなわち「一夫多妻」を女性が許すかどうかも婚約前に決めておきます。

首尾よく話し合いがすすめば証人を立てて神に結婚を誓う儀式を内輪で行い、役所に結婚届を提出します。ここで双方の親類や親しい友人だけを集め「ミルチャ」と呼ばれる婚約パーティを開きます。

次に結婚パーティの準備が始まります。この時点で新郎、新婦は法的に結婚しており二人は公にデートできますが、UAE社会ではまだ一緒に住むことは許されません。婚約から結婚パーティまで数ヶ月の人も数年の人もいます。

ウェディングドレスは新品を購入します。イスラームの祭事でも服を新調するように個人のお祝いごとでも新しい服を着ます。昔はアラブの伝統的なワンピースであるジャラービーヤを飾り付けてそれをウェディングドレスにしていたそうですが、現代の女性は西洋風のウェディングドレスを選びます。

UAEの生活で一番驚いたことのひとつが、大学祭にウェディングドレスを売る業者が来ていたことです。結婚パーティ出席者用のカラードレスもたくさん揃っていました。「いくらU

ＡＥ人の結婚年齢が早いからって、大学祭で展示・販売するなんて……」と呆然としていると、学生は「大学で選べると便利でいい」「みんなで品評しあえるからいい」と言っていました。

いよいよ結婚パーティの数日前になると、娘を送り出す家によっては家族と親族の女性だけが集まって飲食するグリーンナイトと呼ばれるパーティを開きます。また、手や足にヘンナ（ヘナ）という植物染料で模様を書くヘンナパーティを開きます。ヘンナパーティは南アジアに影響を受けた習慣のようです。

嫁入り前の娘はエステに行って肌を整えることもあります。最近では男性もエステに行くことがあるようです。

そして「結婚は多くの人を招いて宴会をするのが好ましい」というイスラームの教えに従い、一族郎党や友人知人を招いて大規模な結婚披露パーティを開きます。ＵＡＥの結婚行事は日本のように結婚式、披露宴、二次会という三部構成ではなく、披露宴と二次会が合わさったような結婚披露パーティだけが開かれます。

「女性は家族や近い親族以外の男性と知り合わないほうがよい」というイスラームの教えに従い、パーティは男女別々に行います。女性側のパーティは日本の芸能人も真っ青になるくらい華やかです。

大学内でウェディングドレス？
ヘンナ

個人の結婚パーティのほか、アラブでは合同結婚パーティも普通に行われています。結婚パーティには巨額がかかるので結婚適齢期の男女がいる家族や親族内でまとめてパーティをするのです。さらに、数十組～数百組の新郎新婦をまとめて祝う集団結婚パーティもあります。集団結婚パーティは政府の資金援助で行われます。

合同結婚パーティも集団結婚パーティも男女別にそれぞれのパーティを開きます。

⚜結婚相手の男性はどんな人かよくわからない、でもお父さんが太鼓判を押す人

アラブ人の結婚にはまず「家柄」ありきですが、新郎、新婦の「外見」も日本より大きな要素となります。婚約時に性格や能力を知ることができないので、顔かたちが重要になるわけです。学歴は男女とも結婚を決める大きな要素ではありません。

息子を持つお母さんたちにとって、一族の若い独身女性が集まる結婚パーティはお嫁さん探しのよい機会となります。これを意識して、お母様方のおめがねにかなうよう張り切るお嬢さんはきらきらまばゆいばかりに装い、メークもばっちりきめて髪の毛もきれいにセットしています。逆に「結婚パーティで品定めのようなことをされるのはイヤ」と言って自然体で振る舞うお嬢さんもいます。

結婚パーティでは座席は決まっていないので、お嬢さん方はたいてい前の方のテーブルに座り、年配のグループは後方のテーブルに座ります。母親たちは後方から前方の独身女性たちを鵜《う》の目鷹《たか》の目で観察しているようです。

今まで出席した結婚パーティを振り返ってみると、パーティで羽目をはずしているお嬢さんはいませんでした。パーティで羽目をはずしたら「あの子はうちの息子の結婚相手にふさわしくないわ」と、お母様方に思われる可能性があるからかもしれません。

「家柄」「外見」のほかに重要なのが「イスラーム」という要素です。熱心なイスラーム教徒であることは結婚相手を決める大きな基準となります。

20歳前後で結婚する若者が少なくないUAEでは、何人もの知り合いの学生が在学中に、または卒業してすぐに結婚していきましたが、婚約中の彼女たちに「結婚相手の男性はどんな人なの?」と聞くと

「数回会ったことがあるだけなので、よくわかりません。でもお父さんが彼としょっちゅうモスクで会う、と言っています」。「イスラームに敬虔な人だと聞いているので安心です」などと言います。

男性サイドでも、妻としてめぼしをつけた女性が「イスラームに忠実かどうか」ということ

が結婚に踏み切る大きな決め手になります。イスラームでは「妻は夫に忠実であること」と教えているので、イスラームに忠実であることは夫に忠実であることと同義になるからです。

イスラームの教えでは、男性は、相手の女性がイスラーム、キリスト教、ユダヤ教のいずれかを信仰している女性なら国籍を問わず結婚できます。また女性は、相手の男性がイスラーム教徒であるかイスラームに改宗すれば結婚できます。ですからUAE人女性もイスラームの法律上はどの国籍の男性とも結婚が可能です。しかし、現実は違います。「私たちの親は、娘がGCC諸国内の男性と結婚するのを望んでいます。家族の結びつきを重要視する私たちの社会では、家族の反対を押し切ってそれ以外の男性と結婚することはなかなかできません」。UAE人女子の親たちは家族の名前が保たれず、家族の財産がGCC諸国以外の民族や国家に流れる結婚を好まないようです。

UAE人女性の場合、イスラーム教徒のアラブ人、たとえばエジプト人やヨルダン人、レバノン人、シリア人男性などでも結婚するのは難しいと言えます。

女子学生の中には、「私は日本人男性と結婚する」とか「UAEの習慣を変えてみせる」と意気込んでいる学生もいますが、実現は相当難しいでしょう。UAE人女性の結婚相手の国籍が限られていることは未婚女性が増える原因のひとつとなっています。

⚜《新婦側》の結婚披露パーティに参加――豪華盛大だが、単調なのには閉口

はじめて出席したUAE人の結婚パーティはラグダさんのパーティでした。ラグダさんは24歳で新進気鋭の服飾デザイナーです。

招待状には夜8時半開場と書いてあったので、その時刻に合わせて行ってみましたが誰もいません。私と同じく早く来ていたイラン人女性2人組が「アラブの結婚パーティはだいたい夜9時ごろ開場するけれど、11時になってやっと花嫁が登場したっていう話も聞くわよ」と言うのを聞いて愕然としました。

新婦側の披露宴会場で働く人は、ほとんどがフィリピン人かインドネシア人で全員女性です。早く来た客にアラビックコーヒーとクッキーを配っています。暇を持て余している私がコーヒーを頼むと、給仕も暇なのでしょう、私が飲み終わるのを待ちかまえています。アラビックコーヒーを飲むときに使うカップはとても小さいのですぐに飲み終わります。コーヒーを二杯飲むと次にフレッシュジュースを配る給仕が来て、私はメロンジュースをもらいました。その次に来たのはインドの甘いミルクティです。

四方に用意された巨大なスピーカーからは、バックミュージックが途切れなく流れています。音楽といっても心臓に響くような打楽器の低音の連続です。イスラームでは「心を惑わすよう

な音楽を聴くべきではない」と教えており、ＵＡＥでは使ってよい楽器も打楽器などに限られているので、結婚パーティでもメロディのない曲を使うことが多いようです。アラブの音楽といえば、ミステリアスな調子の曲を想像しますが、イスラームが普及したあとのアラビア半島の伝統的な音楽は、単調でほぼ打楽器だけを使った歌の入らないものです。時々、人が遠吠えするような声が入るこの音楽はアフリカの原野に住む部族を想起させます。

難聴になりそうなほど打楽器の音がうるさく、かなり大声を出さないと隣の人にも声が届きません。おかげで私は翌日、のど飴を何粒もなめなくてはならない程のどが痛くなりました。

10時過ぎるとテーブルは、ほとんど埋まってきました。ざっと人数を数えると親族、友達、仕事関係者で７００名くらいです。出席者の約９割が黒いアバーヤを着ていました。

11時近くなると、そろそろ新婦が登場することを察して若い女性がスカーフを取りアバーヤを脱ぎ始めました。アバーヤを脱ぐと会場の雰囲気はがらりと変わり、めくるめく色彩に包まれた華燭《かしょく》の典の様相を呈してきます。四方八方から漂ってくる香水は「香り」というほのかなものではなく、当時まだきつい香水に慣れていなかった私には「悪臭」に近いもので私はめまいがしそうでした。

女性たちの出で立ちは、アカデミー賞の授賞式はたまたグラミー賞の授賞式に出席するハリウッド女優や歌手とでも形容できそうです。鮮やかな原色に金や銀のラインストーンがきらめくイブニングドレスをお召しです。腕もあらわにしています。

髪型も思い思いで、ほとんどの女性はパーティ用の巻き毛にしていますが、日本人のようにアップにするより下に垂らしている女性の方がたくさんいます。ほぼ全員が髪の毛を長く生やし、腰まで届く豊かな髪の毛を披露しています。

午後11時になる5分前、ようやく花嫁の登場となりました。花嫁の歩みにそってカメラマンも何人か入ってきますが、これも全員女性です。

新婦は父親や新郎がエスコートしてくるのではなく、バレリーナのような格好をした小学生くらいのフラワーガール5、6人と共にしずしずと入場してきました。日本でおなじみの結婚行進曲はかからず、音楽はただひたすら打楽器のうるさすぎる音でした。

迫力美人のラグダさんは、白とベージュ色が混ざったウェディングドレスを着ており、プロのメークで普段よりさらに美しく見えます。何メートルもある長いベールをひきずって歩いている姿はまるで王女様のようでした。花嫁はゆっくりと歩を進め舞台にのぼり、中央にしつらえた長いソファの中央に一人で座りました。

日本ならばここから司会によるご両人紹介や仲人の挨拶、招待客による乾杯の音頭などが続きますが、これらは一切ありません。花嫁は舞台のソファに座り続け、出席者と簡単な挨拶、女性プロカメラマンによる写真撮影をします。親族や友人グループが何組も舞台前で列をなして撮影の順番を待っています。

私はまず食事をとることにしました。ラグダさんのパーティの食事は隣の小ホールに用意された大皿から各自が好きなものを取ってくるビュッフェスタイル（バイキング）でした。たいていの結婚パーティでは各テーブルに料理が配られますが、日本の披露宴のように個人に料理が盛られたお皿が配られるのではありません。肉や野菜が大量に盛られた大皿が何枚も運ばれてきて、それを同席した人同士で取り合います。料理はたいていアラブ料理かインド料理です。

飲み物は、コーラや水が入ったグラスを配って歩いている給仕から貰います。アルコール類は一切ありません。場内は冷房が効き過ぎていて弱冷房になれた日本人の私にはひどく寒く感じましたが、こちらの人はきつい冷房に慣れているようです。暖かいものが飲みたかったのですが、ありませんでした。

横で大あくびをしている給仕がいました。結婚パーティ中に失礼だとは思いましたが気持ちはわかります。なにしろ夜遅いのです。

各種料理を堪能したあと、私もラグダさんへ挨拶をするため舞台へ上りソファに座って一緒に写真を撮りました。

「結婚パーティが佳境に入るとダンスが始まる」と事前に聞いていたのですが、たしかにその頃になるとお嬢さんの多くは舞台近くで踊っています。踊り、といってもベリーダンスのように腰を振って舞うのではありません。リズミカルに歩いているという感じです。

新婦の人物紹介、上司や友人のスピーチ、生い立ちビデオの紹介、友人の余興などは一切なく、淡々とパーティ参加者との写真撮影だけで時間が過ぎていきます。ソファに座ったままの新婦には食事も運ばれてきません。何百人もの人と写真を撮っていても顔を引きつらせず笑顔を絶やさないラグダさんを、すごいなあと思いながら遠くから見つめていました。

そうこうしているうち料理がメインディッシュからデザートに変わりました。おいしそうなフルーツやスイーツが山積みされていましたが、スイーツは日本人の口には甘過ぎました。

⚜クライマックスである新郎の入場

単調なパーティも午前1時頃になってようやく変化が訪れます。場内に「もうすぐ新郎たちが入場します」というアナウンスがアラビア語で流れました。すると場内は突然黒一色に変わります。みんなアバーヤを着始めるのです。その変化たるや、色とりどりのお花畑が一瞬にして白黒の世界に変わったかのようでした。

結婚パーティのクライマックスである新郎の入場です。新郎・新婦の父親、兄弟やおじが加わることもあります。

場内は静まりかえります。音楽はありません。何百という目が新郎とたった数人の男性にそそがれます。男性たちはアラブの民族衣装である白いカンドーラを着ています。新郎だけがカンドーラの上に黄色の縁がついたビシュトと呼ばれる薄手のガウンをはおっています。新郎が着るビシュトはたいてい黒色です。新婦側参列者の装いに比べると、男性たちは圧倒的に地味です。どの結婚パーティでも新婦は西洋のドレスなのに新郎はタキシードでないのがアンバランスです。

兄が結婚するとき、義姉になる女性の結婚パーティに参加したことのあるハーリド君は「多勢の女性のなかで見世物になり、人生で一番いやな瞬間だった。二度としたくないが、自分にはまだ独身の兄がいるし、いつか自分の結婚パーティでもしなくてはならないのが今から憂鬱だ」と言っていました。多くの男性が女性の注目を一身に浴びるこの瞬間を好まないようです。

舞台にあがった新郎は新婦の横に座りますが、皆に向かって何かしゃべるわけではありません。親族の中の長老がご両人の前に立ち、ご両人は頭を付け合って何か祈っています。

その後ケーキカットがありましたが、これは日本の披露宴で行われるものと同じでした。ケーキカットが終わるとパーティはほぼお開きで、最後は近親者だけが残るそうです。私は夜1時過ぎにホテルを出ましたが、パーティが最終的にいつ終わったかは不明です。長い夜でした。

《新郎側》の結婚披露パーティ——参加者は新婦がどんな人か見ずに帰る

新郎側のパーティは男性のみです。招待客がイスラーム教徒であるかないかは関係なく、女性は新婦や母親でさえ入ることができません。新郎と新婦が同じ日にパーティをすることもありますが、その場合、宴会場は別です。違う日にパーティを行う場合は男性のパーティを必ず先に行います。新婦側のパーティのみ行い、新郎はパーティを行わないカップルもあります。

新郎側パーティに女性の私は出席できませんが、野外で行われている男性側パーティを数回見かけたことがあります。この経験と、パーティに幾度か出席したことのある日本人男性から聞いた話を合わせて男性側パーティの様子をご紹介します。

招待状に書かれた夜8時半というパーティ開始時刻から、新郎は父親やおじと一緒に会場入り口に立って、来場者一人ひとりに挨拶をします。新婦側のパーティの場合、新婦が登場する

のが10時半〜11時なので新郎側パーティとは大きな違いがあります。パーティに式次第もなく司会者もいなく明確な始まりも終わりもないアラブでは、参加者が三々五々に集まってくるので新郎たちはずっと入り口で挨拶を続けているそうです。

新郎はカンドーラの上に、金糸で縁取りされたビシュトと呼ばれる黒や茶色の薄手のガウンを羽織っています。

会場ではまずアラビックコーヒーや炭酸飲料、菓子が配られます。アルコール飲料は一切ありません。給仕は全員男性です。

夜10時ぐらいになると饗宴がはじまります。いくつも並んだ円卓に多種のアラブ料理が盛られた大皿が置かれます。席は決まっていないので好きなところに座れます。砂漠の遊牧民ベドウィン出身者のパーティではラクダの丸焼きが出た、と教えてくれた日本人男性もいます。

新婦側のパーティでは舞台が用意されていて、花嫁は舞台の上に用意されたソファにいったん座ると、プロのカメラマンが花嫁と舞台に上がって来たパーティ参加者との写真をひっきりなしに撮影していました。一方、新郎側のパーティは舞台も新郎用のソファもありません。新郎は食べ物を口にすることもなく、ひたすら来場者に挨拶をしているそうです。新婦側のパーティでは、新婦や招待客たちが髪の毛や肌を出しているため招待客が写真を撮ることを禁止する場合がありますが、新郎側のパーティでは自由に撮ってかまわないそうです。

参加者の服装は、非アラブ人は背広ですが、アラブ人はみんな白いカンドーラを着ています。カンドーラ姿の男性が500人くらい集まった景色は圧巻です。

余興として舞踏団を呼ぶパーティもあります。舞踏団員も全員男性で、杖を上下に振りながらゆっくり踊るこの地域特有のラインダンス「アイヤーラ」や、ライフルを振り回しながら踊る「ヨーラ」を披露します。ダンスは無言のときも愛を述べる詩を歌いながら踊るときもあります。踊りに合わせて太鼓演奏をするグループを呼ぶパーティもあります。どの舞踏団も着ている服は白いカンドーラです。

11時ぐらいになると帰途につく人がちらほら出てきて、11時半くらいにはお開きになります。これも、新婦側パーティが午前12時〜1時半くらいまで続くのとは大違いです。パーティ参加者は新婦がどんな人か見ることなく帰ります。

新郎は参加者が帰った後に、直近の親族だけで食事をするそうです。何しろ8時半から11時半くらいまで約3時間、ひたすら挨拶をしたのですからお腹もすいているでしょう。

しかし、新郎の仕事はまだ終わったわけではありません。新婦側のパーティの最後に、衆目が見守る中で舞台にのぼりパーティ参加者にお披露目される、という最後にしてもっとも目立つ仕事が残っているのです。

⚜合同結婚パーティの摩訶不思議な姻戚関係

友人アーイシャさんからハムダさんの結婚パーティに誘われたときのことです。ハムダさんは地方の出身で、アーイシャさんと同郷です。

ハムダさんと私は会ったことも話したこともありません。しかし「ノープロブレム。ナオミは、ハムダの親友である私の友人だから」と微笑んで言ってくれました。その言葉を信じて出席したところ「新婦のことを知らないのに、私が行ってもいいのかな」という気後れはアラブでは無用で、大手《おおで》を振るって列席できることがわかりました。私のような立場の人が何人もいたのです。

事前にこの結婚パーティについてあまり聞かされていなかった私は、パーティ会場にてアーイシャさんにハムダさんのことを質問すると「新婦は三人で、お互いに親族同士ですよ」と言います。合同結婚パーティが存在することすら知らなかった私にはこのパーティ自体が衝撃的でしたが、それ以上に結婚を巡る複雑な人間関係にもショックを受けました。何度か説明してもらったにもかかわらず、私にはその兄弟姉妹の関係がはっきり理解できませんでした。新郎新婦は三人ずつで合わせて六人ですが、新郎新婦の母親は三人ぐらいです。

　つまり同じ日に結婚パーティを挙げる兄妹がいて、彼らが結婚する相手がいとこのお兄さんや妹です。しかもずいぶん年が離れている兄妹もいるし、お父さんは同一人物だけれどお母さんが違う兄妹もいる、などの情報が錯綜《さくそう》して私の頭はパニック状態に陥りました。近くの席に座っていたロシア人の女性も、私と同じように混乱していたようです。彼女は、ハムダさんとは別の新婦の友人として招かれていましたが、彼女もこの結婚パーティが「合同」だとは知らず、「ありえない」を連発していました。

　さて、夜8時半頃から私たちは宴席に座って待っていました。バックミュージックの音がうるさすぎるのはドバイも地方も同じで、ミュージックと言ってもメロディはほとんどなく、打楽器やアラブ地域独特の女性の舌打ち音で構成される音の連続です。舌打ち音はザガーリートと呼ばれ、舌を口中で左右に振ったりして出す「レレレレ……」という連続した音で、おめでたい席や大きな節目で使われます。名家出身のアーイシャさんは、VIP席に招待されていたので、私もアーイシャさんに乗じてVIP席に座っていたら、そこは音響がさらによくて、鼓膜が破れんばかりの音がスピーカーから響いてきます。歓談はほとんどできません。

　音楽の演奏は生バンドですが、バンドのメンバーは男性なので彼らは女性たちを見ることができないようにカーテンで区切られた向こう側にいます。女性側からもバンドのメンバーは見えません。演奏者が見えないのならCDを流しておくだけでもいいのにと思いましたが、たとえ見えなくても生バンドが演奏していることに意義があるのでしょう。

三人いる新婦は時間をおいて登場してきました。夜10時半に一人目のハムダさんが姿を現し会場内は盛り上がります。会場の正面に設置された舞台にのぼり、そこに置いてある長さ15メートルほどの長いソファの真ん中に座ります。

その盛り上がりがおさまった15分後に、二人目の新婦が登場します。彼女は、長いソファの右側に座ります。

そのまた15分後に三人目の新婦が登場し、ソファの左側に座ります。申し訳ないけれど、この頃になると「やっと出てきた、やれやれ」という気持ちになります。

その後、各新婦の親族や友人が次々に舞台へ挨拶に訪れましたが、新婦を三人とも知っている人はほとんどいなかったようです。アーイシャさんが知っている新婦はハムダさんだけでしたが、舞台にあがったときは他の二人の新婦にもそれぞれ挨拶に回っていたので、私もそれに倣《なら》いました。

深夜12時を回った頃、一人目の新婦の新郎と彼女の父親が入場しました。そのとき、他の二人の新婦は白い布をかぶせ顔を完全に隠しました。一組目のカップルのケーキ入刀が終わると一人目の新郎と父親は退場します。同時に一人目の新婦は白い布で顔を隠します。続いて、二人目の新郎が登場し、二人目の新婦が顔を出します。二人目の新郎が去ると、二人目の新婦が顔を隠し、三人目の新郎が登場します。同じことの繰り返しです。

私たちは、多くの客が帰りかけていた午前1時ぐらいに会場を去りました。一組の結婚パーティでも疲れるのに、一度に三組も見たのでへとへとになりました。

⚜三組の合同結婚パーティを見て、いろいろと考えた

合同結婚パーティで最初に登場したハムダさんは24歳で、雰囲気も堂々としており、結婚に準備ができていて結婚を喜んでいるという印象を受けました。

しかし、二人目の新婦は少し不安そうな表情を見せていました。「輝くツヤツヤした肌からしてそうとう若いに違いない」と推測できました。二人目の新婦の親族に聞くと彼女は中学校を終えたばかりの15歳でした。日本ではまだ夢見る少女の年頃ですが、新婦の友達としてパーティに列席していた少女たちは、友達が嫁ぐのを見てどう感じたのでしょう。

15歳で成婚ということは、14歳かそれ以前に婚約がなされていたということになります。地

方では大都市に比べて明らかに結婚年齢が低い傾向にあります。彼女の場合、親が息子と娘を同じ日に結婚させたくて彼女の結婚が早まったのかもしれません。同じ日に結婚をしたお兄さんは20歳ぐらいでした。

兄弟姉妹が同じ日に結婚式を挙げるのはよくあることだと、後日何人ものアラブ人に聞きました。たとえば、親族の中に下記のような兄弟姉妹がいた場合

一組目の兄弟　A男くん・A子さん

二組目の兄弟　B男くん・B子さん

次のようなカップルが成立することがあります。

A男くんとB子さんが結婚

B男くんとA子さんが結婚

三人目の新婦は26歳でした。彼女は幸せそうに見えず笑顔もあまり見せず、たまに見せる笑顔はかなり引きつっていました。40歳台ぐらいに見える新郎と年が離れていたので、新郎の二番目の妻だったのかもしれません。彼女には他に結婚したかった別の男性がいたのかもしれないし、合同披露宴ではなく自分だけのパーティを開いてほしかったのかもしれません。26歳で

結婚するのはＵＡＥ、特に地方では遅い方なので、若くない新婦ということで新郎側の家族からあまり歓迎されなかったことも考えられます。

他人事ながら、いろいろな思いが頭をめぐりました。

⚜学生たちが夏休みにしたこと

「みなさん、夏休みは何をしましたか？」

３ヶ月近い夏休みを終え、新学年が始まったばかりの女子日本語クラスでこう問うとドバイならではの回答が返ってきました。

日本人学生に同じ質問をしたら、友達と旅行、アルバイト、実家へ帰郷、お墓参り、就職活動、資格試験のための勉強などの答えが返ってくると思いますが、ドバイではだいぶ違います。

アルバイトをしたという学生もいますが、飲食店や商店でのアルバイトではありません。仕事場は市役所や公営企業で、就職活動の一環や授業に役立てるための就業経験というようなタイプのアルバイトです。ＵＡＥ人家庭では「女性はなるべく男性に見られない方がよい」というイスラームの教えを守っています。ですから女性が不特定多数の男性の目につくサービス業に従事することは、アルバイトでもたいてい家族が許しません。

イスラーム教徒には定期的な墓参がないので、日本のお盆のような行事もありません。多くの学生が夏休みにしたことは、親族間の訪問と弟・妹など年少者の世話でした。兄弟姉妹やいとこの数が多いので、大きいお姉さんたちは学校が休みの間、小さい子供たちの面倒を見なくてはならないようです。

それに加えて、「旅行」と答える学生はとても多いですが、これは友達と行くのではなく家族旅行です。若い女性だけで旅行することは親が許しません。家族旅行の期間は数週間から数ヶ月と長く、行き先は近いところだとエジプト、ヨーロッパ、遠いところだとマレーシア、タイ、オーストラリアなどに人気が集まっているようです。

ある有名旅行会社の発表では、夏の旅行先として1位がマレーシアになっていました。イスラーム教国なのでアラブ人にとって親しみやすい旅行先であると同時に、アラブ諸国とは違うアジアの国としての魅力があるのでしょう。

さて、私を何より驚かせてくれたのが、学生スハイラさんのこの答えでした。

「結婚しました」

スハイラさんはそのとき20歳で、9月から大学三年生になったばかりでした。お相手は24歳の軍人で、婚約はその年の2月にしており、結婚はもっと後の予定だったものが急に早まったそうです。

「主人の勤務先は家から遠いところなので週末しか家に帰って来ないから、勉強に差し支えはない」というスハイラさんは、ちびまるこちゃんを大人にしたようなかわいらしいコミカルな学生です。彼女はジャニーズ事務所の男性アイドル歌手グループ「Ｎｅｗｓ」の大ファンで、彼女のコンピュータにはＮｅｗｓの歌がたくさんダウンロードされています。ご主人は外国に興味がないので、彼女が日本人アイドルにご執心なことも知らないそうです。

イスラームは結婚を奨励するので、アラブ諸国では結婚年齢、特に女性のそれが低いのは知っていました。しかしあどけなさの残るスハイラさんが妻になることは想像できませんでした。この一件の衝撃があまりに大きかったため、それ以来私は結婚の報告にあまり驚かなくなりました。

「婚約しました」と言ったのは19歳のラティーファさんです。婚約はラティーファさんにとって予期せぬことだったようです。大きな金色の婚約指輪を持って来ていて、それを見たクラスメイトから「おめでとう」と祝福されていました。しかし、ラティーファさんは婚約した頃元気がなく、私は何と声をかけてよいのかわかりませんでした。

さて翌年の夏休み明け、「夏休みに何をしましたか？」という私の質問にラティーファさんは

「結婚しました」と答えました。いざ結婚してみたら、とても幸せそうです。ご主人のことを「毎日仕事が終わったあと夜学に通っていて大変なんです。でも週末はずっと一緒にいてくれます」とさりげなくのろけて頬をバラ色に染めていました。

21歳の奥様スハイラさんは「出産」と答えました。しかし出産についてはまったく驚きませんでした。彼女のお腹は前学期から大きくて授業中つらそうにしていることが何度かあったのです。

さらにその翌年の9月「夏休みに何をしましたか?」という恒例の質問に、22歳の母スハイラさんは「離婚しました」と答えました。冗談のようですが本当の話です。

イスラームでは離婚は「神が望まれないこと」ですが、男性からも女性からも正当な手続きを踏めば離婚は認められます。離婚した男女は、それぞれ再婚することもできます。離婚するUAE人カップルは多く、離婚した知り合いもすでに何人かいたため、スハイラさんの知らせにも動揺しませんでした。

一夫多妻が認められているとはいえ、妻はひとりで十分?

イスラームでは男性が妻を四人まで娶《めと》ることができると定めています。四人まで妻を持てる

出産しました
おめでとう!!

という決まりは現在のわれわれには考えがたいですが、それが決められた7世紀の社会状態を知れば納得できます。イスラーム教徒たちの説明によると、イスラームの開祖ムハンマドが生きていた時代は無制限な多妻制で、女性の地位が極めて低かったそうです。ムハンマドは妻を四人までに制限し、妻にはさまざまな権利を与え、男性には規律をもたらしたと言います。また、男性は戦乱で命を落とすことが多く、人数が少なかったので、結婚できない女性を増やさないためにも四人まで結婚できるようにした、という説明もよく聞きます。

しかし、イスラームで男性の一夫多妻が認められているとはいえ、現今の世の中では教徒は住んでいる国の法律に従わなければならないので、たとえば日本人のイスラーム教徒男性は日本の一夫一婦制の法律に従い妻はひとりしか持てません。一方、UAEをはじめアラビア半島の国々は四人までの妻帯が認められています。そこで多くの日本人は「裕福なUAE人男性たちは複数の妻を持っているのでは？」と想像するようです。しかし、答えは「ほとんどの男性の妻はひとりだけ」です。四人持つどころか近年は独身男性も増えてきています。なぜなら新婦側から請求される結婚資金（マハル）が高額で、女性の家柄がよいと数百万円から数千万円に上り、払えない男性が少なくないからです。

多くの男性がひとりしか妻を持たない理由はいろいろと考えられます。

まず、複数の妻を持つ場合はすべて平等に扱わないといけないという教えに従わなければなりませんが、現実問題としてそれは非常に難しいので、トラブルを避けるため妻をひとりにする、という理由です。

次に、UAEでは婚約パーティや結婚パーティに関する費用から新居の用意、日々の生活費用まですべて男性が負担することになっているので、妻が増えると金銭的負担が増大するという理由があります。近年は子供の教育にお金をかける夫婦が増えてきたので、妻が増えると子供が増えて出費がかさむ恐れもあります。

UAEでは結婚する前の男女がその男性の一夫多妻を認めるか否かを協議しますが、その結果、妻が夫の一夫多妻を認めない場合があります。女子学生たちは「将来の夫に複数の妻を持ってほしくない」と言っています。

UAEは世界中から人々が仕事や勉学、レジャーのために集まって暮らしているので、欧米のような一夫一婦制の考え方にUAE人が影響を受けるようになった、という理由も考えられます。

首長一族の男性は例外で、妻を何人も抱える場合があります。しかし都市部の一般人について私が知っている範囲では、「妻が二人」という人はときどきいますが、「妻が三人か四人」という人はいません。「妻が二人」の場合、たいていひとりはUAE人、もうひとりは非UAE人です。「二人目の妻がUAE人の場合、離婚経験者であることが多い」とよく聞きます。

現代のUAEでは女性が高学歴化して社会進出し、経済的に自立できる状況にあるので、今後一夫多妻が増えることはなさそうです。男性に聞くと、たいてい「妻はひとりで十分」と言います。

あれ、この国には音楽がない!?

ドバイに住みはじめた頃「何か足りない」といつも思っていました。数ヶ月後、ようやく足りないものに気付きました。音楽です。地元の人が口ずさんでいる歌、まちなかで流れている歌謡曲というものがないのです。ショッピングモールの館内全体に音楽がかかっているところは稀です。ほとんどのショッピングモールで共通しているのは、お祈り時間になるとアザーンが流れることです。アザーンとは、1日五回モスクから流れてくる、人々を礼拝にいざなう呼びかけです。アザーンが大きい音でかかるモールも小さい音でかかるモールもあります。カラオケは日本人がよく使うホテルや和食レストランの中に数店あるだけです。

UAEには子供がイスラームについて質問できる英語の番組があります。子供が「音楽を聴いてもいいですか」と質問したら、もじゃもじゃのひげを長くはやした宗教家の回答者はこう答えていました。

「イスラーム教徒は、心をまどわされ正気を奪われるようなことは聞いても見てもしてもいけないのです。音楽は心を奪うものなので聴くべきではありません」

「では、クラシック音楽はどうですか」と子供が重ねて聞くと、「音楽のジャンルは関係なく、お祈りの集中を妨げるものは避けるべきです」と回答していました。このやりとりを聞いていて、ＵＡＥで音楽が奨励されない理由がよく理解できました。

クルアーンには音楽について直接言及している項目がありませんが、一般にＵＡＥ人の親たちは子供たちを音楽から遠ざけようとしています。特に、女性は男性の前で歌うべきではないと教えています。「女性の歌声は男性の心を動かしてしまうかもしれないから」という理由です。他国では男性の前で歌うイスラーム女性教徒もいますが、ＵＡＥ人女性は男性の前や親しくない女性の前では歌いません。イスラームの教えに忠実であろうとする人は音楽を聴かず、楽器を弾かず、歌いません。楽器は、一部の打楽器など限られた種類のものだけが例外とされています。

アメリカとタイで日本語を教えていたときは、授業で日本語の歌をよく教えていました。歌は単語やフレーズを記憶するのに便利だし、何より歌うのが好きな学生が多かったからです。

ＵＡＥのザーイド大学で教え始めた頃、試しに日本の歌を教えたことがありました。しかし、歌わない学生が何人かいたので、歌で語学を覚える方法はＵＡＥには適さないことがわかりました。

ＵＡＥの公立校では音楽の授業が数年間は必修である学校と、音楽の授業が自由選択授業になっている学校があります。どちらの場合も最長で小学校一年生から六年生くらいまでです。日本のようにいろいろな楽器を奏でたり、複雑なコーラスをしたりすることはないようです。

音楽の授業を子供に受けさせたくないと考える親もいます。それらの親は学校に「その時間、子供には図書室で本を読ませるように」と頼んでおり、学校はその要求を承諾しているそうです。学校の音楽の先生はたいていエジプト人など周辺アラブ諸国の人で、ＵＡＥ人はいません。言うまでもなく、ＵＡＥには音楽大学や音楽の専門学校はありません。

女性が歌っているのを聞く限り、一般に上手とは言えず音程がはずれます。しかし、女性たちは仲良しグループでいるときは楽しそうに歌ったり踊ったりしているし、赤ちゃんの前では子守唄を歌ったりしています。

ヒンドさんは歌がとても上手な学生です。ヒンドさんに「歌手になることは考えないの？」

と聞いたら「まったく選択肢にない」という答えが返って来ました。

　後日、歌手はＵＡＥで地位が低い職業とされていること、そのためＵＡＥ人の歌手、特に女性歌手はとても少ないことを知りました。歌手の地位が低いのは不特定多数の人々の前に姿を出し、異性を魅惑すると考えられているからです。私がヒンドさんにした質問は彼女に失礼だったかもしれない、と感じました。

　ただし、最近はＵＡＥでも新しい動きが出てきています。若いＵＡＥ人は男女ともギターやピアノなど楽器に興味を持つ人が増え、テレビでは外国人が歌ったり演奏したりする音楽番組が話題になっています。

　ザーイド大学にも２００８年に音楽クラブが創設されました。部員のひとりであるアミナさんはクラブで購入したキーボードを部室で練習しています。アミナさんに「家にキーボードはあるの？」と聞くと、「キーボードを練習していることは親には内緒です。楽器を買うのは許されないから大学にいるときだけ練習しています」と言っていました。音楽の是非に関しては親と若者の世代間ギャップがはっきり現れています。

　ザーイド大学ではＵＡＥ人男性によるピアノソロ演奏会とギターソロ演奏会が２０１０年代になって開かれましたが、どちらも女子学生に好評でした。

ベリーダンサーの地位

日本でも近年、若い女性の間で流行っているベリーダンスはエジプトやモロッコ、トルコなどアラブ・中東の広範囲で昔から踊られてきたようですが、UAEをはじめGCC諸国の女性が男性の前でベリーダンスを踊ることはありません。UAEのレストランや砂漠ツアーのショーで踊るベリーダンサーたちは、たいていエジプト人、レバノン人、モロッコ人、ロシア人やCIS諸国の人たちです。

UAE人女性は子供のうちは一列になって長い髪の毛を左右に振る伝統的な踊りを楽しみます。しかし、年頃になったら彼女たちは家族以外の男性の前ではいかなる踊りも披露しません。これは「男性を魅惑する可能性があることはすべきではない」というイスラームの教えに基づいています。踊りは男性を魅了すると考えられているのです。女性によっては同性の前でも踊りません。

女性同士の集まりでは上手に踊っている人もいます。しかしながら、どんなにダンスがうまくても、それを職業とすることはありません。ベリーダンス教室に通うのは外国人だけです。

UAE人男性も腰を振って踊ることはありません。男性の伝統的なダンスでは直立のまま、または上体を前傾させながらゆっくり踊ります。

ベリーダンサーは、踊りと体で男性を意図的に魅惑する、という理由で歌手と同様にＵＡＥを含むＧＣＣ諸国において卑しい職業とされています。ですから踊り上手のＵＡＥ人女性でも「ダンサーになりたい」という人はいません。女性の結婚パーティではプロの女性ダンサーが呼ばれることがありますがたいていエジプト人です。その場合も肌の露出が多い衣装は着ません。「日本ではベリーダンスが流行っている」とＵＡＥ人に言うと彼らは不思議がります。私自身は踊りが好きで、ダンサーは憧れの対象ですが、ＧＣＣ諸国の見方は日本のそれとは大きく異なります。

ＵＡＥ人女性に「ベリーダンスはするの？」と聞く日本人は少なくないですが、その質問は相手の気持ちを害する可能性があるかもしれないのでご注意ください。

体育をやらせたくない親はなぜ多い？

アラブには有名な女性スポーツ選手がいないことにふと気がつきました。ＵＡＥ人女性たちを見ていても、スポーツを定期的にしているように見えません。そこで「どうしてスポーツをしないの？　楽しいよ」と女子学生たちに聞くと、その多くは「怪我をするから運動はしないように、と母親に注意されている」と答えました。母親は娘に「おてんばな女性は結婚相手が見つかりにくい」「体に傷があると結婚しづらくなる」とも言うそうです。つまり、UAE社会では運動好きの女子は行儀が悪いと解釈され、結婚相手としてふさわしくないというレッテルを貼られてしまうことがあるのです。

さらに驚くべきことは、運動をすると処女を失う、と考えている人が少なからずいることです。イスラーム社会では、未婚女性は処女であることが強く求められています。足を開いたり、ジャンプをしたり、重いものを持ったりすると、結婚できない体になってしまう、と信じている人は、娘がスポーツすることを嫌がります。

母親が運動をしたことがないので、息子に対しても運動をすすめません。「危ない」と言って息子に運動させないようにする母親が少なくないようです。こうやってUAE人は運動をしない人になっていきます。この現象はGCC諸国に共通のようです。

UAEの学校教育では、日本の小学校・中学校・高校にあたる12年間、体育の授業は男女とも義務です。しかし授業は生ぬるく、特に女子の場合、高校ぐらいになると体育館に行っておしゃべりをするだけ、または保健に関する教科書を教室で読むだけになる学校が多いそうです。体育の教員はエジプト人やモロッコ人、南アフリカ人などでUAE人はいません。教員が体育の重要性を理解しているかどうか疑問ですが、仮に理解していても生徒に激しい運動をさせて生徒の親から苦情が来ることを恐れて運動させていない可能性もあります。

UAEではクラブ活動が文科系・運動系を問わず中学・高校でほとんどないので、運動が好きな子供ですら、それをやる機会がありません。運動をしないのに食事の量、特に甘いものの摂取が多いので糖尿病まっしぐらの生活を送るようになってしまいます。UAEは世界でも有数の糖尿病患者率の高い国というありがたくない記録も持っており、10代から患っている若者を探すのは難しくありません。

年中暑い国なのだから水泳をすればよいのにと思いますが、プールがあるのは私立校だけで、プールが学校にあったとしても女子はほとんど水泳の授業がないそうです。公立校にはプールがありません。「日本の小学校・中学校では水泳の授業が必修ですよ」と言うと、学生たちは驚きます。

国公立大学では体育の授業はなく、ザーイド大学も例に漏れません。しかし、ドバイとアブダビの両キャンパスには新しい立派な体育館と、それに付設するエアロビクススタジオ、最新のマシンを備えたジムがあります。これらの施設を学生は一日中自由に使えるのに、いつ行ってもほとんど人がいないので残念に思っていました。

⚜親に内緒で通う学生もいた女性のための空手教室

私が空手をやっていたことを聞きつけた何人かの女子学生が「空手を教えてください」と言ってくるようになりました。UAEには日本で修業を積んだアラブ人男性の高段者がいるのを知っていた私は、「立派なアラブ人の先生がいる空手道場があるから、そこに行ったらいいよ」と答えました。すると学生は続けました。「道場に行きたいけれど、指導者は男性ばかりです。私たちは肌を隠した格好をしていても男性の先生に習うことはできないし、男性と練習することもできないんです」。これを聞いて、彼女たちは指導者も生徒も女性という環境でしか運動できないことが理解できました。

ザーイド大学には体育の授業がありませんが、無単位でエアロビクスやヨガのクラスは開かれていました。そこで、体育の先生にお願いし、空手のクラスを開講させてもらうことにしました。体育の先生は南アフリカ人女性です。応募をかけると学生の反応がよかったので、クラスは週に二回開くことにしました。メンバーはだんだんと増え、二回のクラス合わせて約20人が定着しました。

いざ開講してみると、体育をきちんとしてこなかった学生たちなので予想していたとはいえ、体力が極めて乏しいことがわかりました。柔軟体操もしたことがないらしく、腰をひねったり上体を反らせたりするところで、みんなクスクス笑います。特に足を開く柔軟体操（開脚）は恥ずかしいようです。体育館の中には女性しかいないし、空手着のズボンや長いジャージを履いているのにもかかわらず最初の頃は開脚をためらう学生が何人もいました。

空手の稽古をUAE人とするにあたり、学生たちの体力や根気以外にも考慮すべき点がいくつかありました。それは日本の武道特有のしきたりです。武道に限らず、日本の芸能はすべて礼に始まり礼に終わり、途中でも礼をすることがたいへん多いですが、イスラームでは「神以外の対象にはお辞儀をするべきではない」と教えています。ですから学生たちには「日本では人に対して礼をしますが、みなさんの宗教では違うので、礼をするかしないかは自分の気持ちに従ってください」と伝えました。観察していると、礼をこばんでいる学生もいましたが、武道の稽古と割り切って礼をきちんとしている学生の方が多く見られました。

道場訓の斉唱についても、不安な点がありました。道場訓とは稽古が終わったあとに正座してみんなで暗唱する言葉で、空手道の精神すなわち人格形成と体の鍛錬に努めること、お互いを思いやること、などを説明したものです。「イスラーム以外の宗教を実践するようなことは避けるべき」と考えているUAE人にとって、道場訓斉唱が宗教のように捉えられてしまわないかと心配していました。しかし、学生たちは道場訓の意味を理解した上で暗記し斉唱してい

道場訓
ヨロシク
オネガイ
シマス

ました。

学生の親が、娘が空手を習うことを認めているのかどうかも懸念していました。「家の人に空手レッスンをはじめたことを伝えた？」と学生たちに聞くと、何人かは「伝えていない」と答えました。彼女たちは親が嫌がるのがわかっているので伝えていないのです。親に隠してまで空手クラスに参加してくれる学生たちがいることを知り、空手クラスのメンバーへの愛着がますます募りました。

「空手をやっていることを親は知らないけれどメイドは知っています。メイドは空手着を洗ってくれているから」という学生の答えは、ＵＡＥ人らしくて笑ってしまいました。

第七章
イスラーム教徒が日本を好きな理由

⚜日本を尊敬する理由——戦後の復興、日本車の性能、科学技術の発達

放映時間になると外に出ている子供がいなくなった、と言われているアニメが『キャプテン翼』です。『キャプテン翼』は翼というサッカー好きの少年が努力を重ねて世界的に活躍するサッカープレーヤーになるという話ですが、アラブでは「キャプテン・マージド」に改名されています。このアニメを知らない若いUAE人はいないと言っても過言ではありません。

「どうしてマージドはこんなに人気があるの?」とUAE人たちに聞くと、彼らは声を揃えてこう言いました。「マージドは日々こつこつと練習に励んで、大きな夢を実現する。イスラームもわれわれに忍耐強く、不断の努力をするように、と教えている。だからマージドはよきイスラーム教徒の鏡なんだ」。「アメリカのアニメヒーローは生まれながれにして超人だけれど、日本のヒーローはたいてい等身大の人物。マージドはどこにでもいる普通の少年なのがよい。自分たちがそうなりたいと奮い立たせてくれるから」。

このように、UAE人たちは、若者によいお手本を示してくれる作品を作る日本人に好感を持つのです。

努力する姿はマージドだけでなく日本人全体にも向けられています。「日本は第二次世界大戦で広島と長崎に原爆を投下されて降伏したあと、焼け野原から国民が一丸となって働き、復

UAEで販売されている日本のアニメDVD。左が「キャプテン・マージド」

興したので、尊敬しています」。私は何人ものアラブ人にこう言われましたが、アラブ人と接したことのある日本人はたいてい同じ経験があるようです。アラブ地域の社会科の教科書には敗戦後の日本の軌跡が記述されており、アラブ人は学校で日本の高度成長過程について学んでいるからです。「イスラームには最後の日まで種を蒔け、勤労する人は称えられる、という教えもあります」。大学院生のマジダさんはこう教えてくれました。

ＵＡＥ人の大人は「日本人は勤勉に研究や仕事に励んだ結果、科学技術を発展させ、便利な製品をたくさん生み出してわれわれの生活を豊かにしてくれた」とよく言います。ＵＡＥ人は、砂漠という過酷な自然環境においても壊れない日本車に絶大な信頼を置いており、大学の駐車場にはいつも大衆車から高級車まで日本製の車がずらりと並んでいます。私はその情景を毎日誇らしげに見ながら通勤していました。

２０１１年３月に東日本大震災が起こった際、ザーイド大学では日本クラブ主催で被災者へ送る募金を集めるチャリティを数回にわたって大学内で行いました。ＵＡＥで一番発行部数の多い新聞社がその様子を取材に来ましたが、取材を受けた当時の部長サーラさんは、チャリティの趣旨を記者にこう説明しました。「日本人は勤勉、勤労な国民であり、道徳をイスラーム教徒に教えてくれている。その日本に恩返しをしたい」。知的な表情の美しいサーラさんの

世界最大の水槽アクリルパネル
日本の技術が使われている
世界一の高層ビル
ブルジュ・カリファ
空調、衛生
電気部分

顔写真とともにサーラさんが言ったことは新聞記事に大きく採り上げられました。

⚜イスラームの道徳を体現していると映る日本人の礼儀やマナー

小さい頃から見続けた数々のアニメの中で、UAE人は日本人の家庭や学校生活を観察しています。中学生や高校生になるとDVDやインターネットの動画サイトで日本のドラマを見る人も多くなります。それらの作品の中で日本人は挨拶を交わし、目上の人に敬意を払い、目下の人を世話します。「預言者ムハンマドは挨拶をきちんとすることを勧めています。礼儀正しい挨拶は神が喜ぶことなのです。日本人は挨拶を欠かさないし挨拶が丁寧だから好きです」と女子学生ラフマさんは言います。「日本の学校では授業のはじまりと終わりに教師と生徒が挨拶を交わすのがいいですね。UAEでは授業の挨拶はないから。それに先生のことを尊敬していない人が多い。イスラームでは目上の人を敬うべきと教えているのに」。

学校を舞台にしたアニメやドラマの場合、先生と生徒が信頼で結ばれている姿を好ましいと思うようです。またクラブ活動の描写では、先輩が後輩に教え、後輩が先輩を敬慕する姿をうらやましがっています。UAEでは中学・高校でクラブ活動がほとんどなく、同級生以外と何らかの活動に打ち込むことはほとんどないからです。日本人が実際にアニメやドラマの登場人物と同じように振る舞っているわけではありませんが、礼儀を持って人に接する日本人はイスラームの道徳を体現していると彼らの目には映っています。

近年は武士を題材としたアニメやドラマを見ている若者も多くいます。「武士の主君に対する忠誠心や、部下を命がけで守る精神に魅かれる」とUAE人は男女ともに言います。「武士の道徳について教えてください」と男子の日本語クラスで学生に言われ、私は新渡戸稲造の『武士道』を紹介したこともありました。ドバイのショッピングモールに店を構える紀伊國屋書店の店員の話では、武士道に関する本、特に『葉隠《はがくれ》』の英訳版が飛ぶように売れているそうです。

和を大切にする日本人のマナーのよさも日本人の印象をアップしています。

「東北大震災が起こったあと、パニックに陥らず避難所で寒さや食糧難に耐えながら規則正しく暮らす日本人の姿を見たら感動して涙が出た」と震える声で語ってくれたのはドバイで働くエジプト人男性です。震災が起きたあと、私は大学で毎日のようにUAE人学生をはじめいろいろな国籍の教職員から「日本人のマナーは立派だ。どんなにつらい境遇でも協調性を保っている」「自分勝手な人がいないので驚いた」「日本人の忍耐強さに打たれた」などさまざまなコメントをもらいました。

共同体の中で神によって生かされている、ということを重要視するイスラーム教徒にとって他人とスムーズに共生していくためのマナーをこころえ、それを実践している日本人は賞賛の対象となっています。

⚜日本の日常生活を紹介したアラブのテレビ番組が大きな話題に

近年日本好きのアラブ人を増やすことに大きく貢献したのが、テレビ番組『ハワーテル（思考）』の日本特集です。この番組は２００９年のラマダーン（断食月）中、約１ヶ月に渡ってアラブ諸国一帯で毎日放送されました。番組を制作したのはドバイを本拠地とするサウジアラビア資本のメディアグループです。

番組の大部分は日本で撮影されましたが、これは旅行記や食べ歩き紀行のようなものではありません。レポーターであるサウジアラビア人アフマド・シュゲイリー氏が日本人の生活そのものに潜入し、毎回の放送で日本の日常生活をありのままにアラブ人たちに伝えたのです。

たとえば電車に乗り、車内で読書をしている人が多いことを見て「日本人は読書好き。時間を有効につかって本を読んでいる」と報告しました。また、車内の座席で寝ている人が多いことを見て「日本の電車はスリを心配せずに車内で眠れるぐらい治安がよい」と驚きを伝えました。

アイスクリーム屋では「アイスクリームをお持ち帰りで買ったときに、家に着くまでの時間に合わせてドライアイスを入れてくれる」と店のサービスを紹介しました。

通りすがりの店にわざと財布を忘れて、その財布がどうなるかという反応も試しました。財布は中身が手付かずのまま速やかに交番に届けられ、財布に入っていた連絡先を見た交番からアフマド氏に電話が届きました。

このように日本人の道徳心の高さや細かな心遣いを抽出してアラブ人にレポートしましたが、番組で他にも強調されていたのは、日本人が健康に気をつかい、身辺の衛生や環境に配慮することでした。

たとえば小学校では給食前に全員がきちんと手を洗うこと、給食当番は清潔なかっぽう着を着て給仕をすることをアフマド氏は驚嘆のまなざしでレポートしました。日本人にとっては当たり前のことですが、アフマド氏の解説によればアラブ諸国ではそれができていないそうです。

また朝や昼休み、下校時のいずれかに児童自身が分担して学校を掃除する姿も見習うべきこととして映像が映し出されました。諸外国では学校の掃除は雇用された清掃員が担当することが多いのです。

「身辺を清潔に保つこと」は、イスラームの重要な徳目のひとつです。「日本人はイスラーム教徒ではないのに、イスラーム教徒よりイスラームの道徳を実践している」とアフマド氏は盛んに繰り返していました。

日本人児童の清掃活動に関するイスラーム教徒への衝撃は大きかったようです。ドバイの新聞社は『ハワーテル』の日本特集が放送されたあとドバイ日本人学校まで取材に来て、児童たちが掃除をしている写真を撮り、それを記事にしたほどです。

アフマド氏は日本企業も訪問しました。ここでは社員たちと一緒に朝のラジオ体操をしたり、社員食堂でカロリーが明示された昼食を食べました。「日本人は職場でも健康管理に気を配っています」と言い、「イスラームでは健康維持のため努力することを教えているのに、アラブ各国では健康管理を怠り成人病になる人が極めて多い」と憂えました。

アフマド氏はまちなかの大きな公園にも行き、そこでジョギングをしている65歳の男性と一緒に走りました。しかし、65歳の男性は毎日ジョギングをしているそうで軽やかに風を切っていきます。30代半ばのアフマド氏は途中でついていけなくなり「日本では高齢者でもよく運動している」と息を切らしながら報告しました。

さらにアフマド氏は清掃工場の職員と丸一日を過ごしました。「ゴミを扱っていても清掃員の身支度は清潔であり、身分も公務員として立派に保障されている」と社会制度を伝えたあと、

「ゴミはきちんと分別され、決まった日に決まった場所に出される」と報じ、アラブ諸国のゴミ捨て場の映像を映しながら「アラブではゴミの分別が徹底されておらず、清掃員の身分も保証されていないので仕事もいい加減である。その結果、環境に悪影響を及ぼしている」とアラブを日本と比較しました。

イスラームでは「自然環境はすべて神が与えてくれたもの」と考えています。神が与えたものを損ねるのはイスラームの教えに反するのです。

イスラーム教徒が実践すべき道徳を日本人が実践している、ということを映像を通じて総合的に伝えたこの番組により、日本に関心がなかった人も日本に多大な興味を持つようになったようです。私は番組放送以来「『ハワーテル』の日本特集を見たよ」と知らない人からも話しかけられるようになりました。放送はＤＶＤ化され、インターネットサイトでも見られるようになっているので、放送からすでに何年も経った今でも『ハワーテル』の日本特集の話題はＵＡＥ人の口の端にのぼっています。

日本の着物とアラブの民族衣装アバーヤの思わぬ共通点

「ドバイにあるいろいろな小・中学校を訪問してきたけれど、ドバイ日本人学校が一番好き」

とザーイド大学教育学部の女子学生たちは声を揃えて言います。教育学部では、教育実習の一環で周辺の教育機関の授業見学を行っており、イギリス式の学校、アメリカ式の学校、インド式の学校、インターナショナルスクール、UAE人の学校などを定期的に訪れています。ドバイ日本人学校も教育学部の訪問先のひとつです。

女子学生たちは日本人学校が好きな理由のひとつをこう述べます。

「先生も生徒も私たちの宗教や国のこと、UAE人のことを謙虚な態度で知ろうとしてくれるから。そして実際に知っているから。他の学校の外国人生徒たちはそれらのことに興味を示さない。それどころか私たちの文化を見下す人すらいる。イスラームでは謙虚に学ぶことが大事だと教えていますが、日本人はそれを実践しています」

ドバイ日本人学校では、学年末にドバイやUAE全体について児童・生徒が各自興味を持った点を調べ発表するという学習に毎年取り組んでいます。その発表会をザイード大学日本クラブの学生たちも見学に行きました。

UAE人の服装、砂漠に住む動植物、アラブで使われる香辛料、ドバイの歴史についてなど、研究の対象は多岐にわたっていました。絵や写真を貼り付けた模造紙を使いクイズを交えながらみんなで発表していきます。イスラームの預言者やラマダーンについて大人顔負けの知識を

カワイイ

披露した生徒もいました。

日本人がイスラームやその社会を知ろうとする態度は、ＵＡＥ人をたいへん喜ばせましたが、そのほかにもＵＡＥ人、特に女性が喜んでいるのが「日本人はイスラームに配慮した服装をしている」ことです。ドバイでは外国人に対して服装の規定はありません。しかし至る所に、「現地の習慣に配慮した服装の着用をお願いします」という貼り紙があります。現地の習慣に配慮した格好とは、男性は上半身が裸にならないこと、女性はなるべく肌を覆い体の線がはっきりあらわれない服や下着が透けない服、膝丈かそれより長いスカートやズボンの着用です。

しかし外国人女性、特に西洋の女性は足や肩や首周りを露出した格好をしてまちなかやショッピングモールを闊歩しています。「観光客なら現地の習慣を理解する時間がないのでそのような格好をしても目をつぶるが、居住者が肌の露出が多い服を着ているのには腹が立つ。現地の習慣をまったく尊重していない」とＵＡＥ人女性は憤《いきどお》ります。

一方、日本人は居住者はもちろんのこと、観光客でもイスラーム教国にあった節度のある服装をしている人がほとんどです。おそらく旅行ガイドなどに書いてある服装に関する注意書きを読んできているのでしょう。観光客がＵＡＥの習慣について予習しているという事実は、ＵＡＥ人が持つ日本人の印象を確実に向上させています。

「日本人の着物が大好き。着物は腕も足もすべて隠すから、イスラーム教徒の民族衣装に似ています。日本人はもともと慎ましやかな民族なんですね」と女子学生たちに言われました。日本人女性は着物を着るときに体型を筒型になるよう補正するので、体型も隠します。肌も体型も隠す、というところがアラブの民族衣装アバーヤと着物との思わぬ共通点であり、それに親近感を持った学生もいたようでした。

モスク内での行動は、茶道の立ち居振る舞いに似ている

ＵＡＥで日本の茶道を紹介したり、ＵＡＥ人と一緒に稽古していくうちに、モスクと茶室にはその構造や中で行う動作に多くの類似点があることがわかってきました。

モスクには入り口そばに必ず水道があります。モスクで礼拝をする前は手を清め、次に口をすすぎ、他の体の部位も決められた順番通りに清めていきます。一方、茶道では茶室が建っている敷地には「つくばい」という手水鉢《ちょうずばち》が置いてあります。茶室へ向かう客は手水鉢に備えられている柄杓《ひしゃく》で手を清め、次に口をすすぎます。モスクに入る前の方が清める部位が多いですが、モスクでも茶室でも入る前に手を清め、次に口をすすぐところが同じです。

イスラームでは「清潔であること」はとても重要で、モスクに入る前だけでなくいつも髪の

毛から爪にいたるまで全身を清潔にし、環境も清浄に保つことが奨励されます。それは茶道もまったく同じです。茶道でも茶室の掃除は真っ先にすることであり、道具も体も心も常日頃から清く保つよう努めなくてはなりません。

右手はきれいなものを、左手はそうでないものを扱う、という考え方も同じです。イスラーム教徒は右手を使って食べますが、茶道でもきれいな道具は主に右手で扱い、使用済みの水を入れる道具は左手で扱います。

モスクと茶室の概念も同じです。モスクの内部は平和であり、誰もが平等で貴賤の差がなくなるので、首長と一般の人々が隣り合わせで礼拝することもあるそうです。茶室も身分を問わず誰とでも同席できる平和な空間です。茶道が発展した戦国時代、戦国武将たちはこぞって茶道に熱をあげましたが、原則として武士は茶室に入るとき帯刀を許されず、刀は茶室外に預けておくことになっていました。

モスクと茶室の構造がとてもシンプルで、両方とも入り口で靴を脱ぎ、椅子ではなく床に座るのも同じです。カトリック系のキリスト教教会には壁に絵画が掛かっていたり彫刻が置いてあったりしますが、モスクは天井の照明がある以外はガランとしています。日本の茶室は家具をおかず、床の間に軸や道具をほんの少し飾るのみです。

「モスク内での動作は茶道の立ち居振る舞いに似ている」と教えてくれたのは京都にも茶道研修に行ったことがあるセイフ君です。イスラームでは「礼拝の一連の動作手順」が決まっています。たとえば、この文句を唱えたところで立ったまま三回お辞儀する、座ってお辞儀をする、頭を左右に振るなどです。一方、茶道でも決まったタイミングで亭主と客がお辞儀を何度かします。歩く場合も運足に注意します。亭主は道具を部屋に運んだり、部屋から出したりなど、立ったり座ったりする動作が多くあります。このように規則に沿って「立つ・座る・お辞儀をする」という動きを繰り返すこと、指先やかかとの動きまで注意を払うことが、イスラームの礼拝の動作と茶道の動作に共通に見られるそうです。

服装に関してもモスク内も茶室内も控えめな服装で入る、ということが似ています。茶室にはモスク内のように女性が髪の毛と全身の肌を覆わなくてはならないという規則はありません。しかし、女性はスカートの場合、座ったときに膝が隠れる丈、つまり長めのスカートを着用すべきとされています。ノースリーブも好ましくありません。

茶室内は少なからぬ規則があり、それにみんながのっとって行動するところにえもいわれぬハーモニーが生まれますが、モスク内もまさに同じことが言えるようです。

茶道を堅苦しい、と思う人は日本人を含めて世界中に多いですが、イスラーム教徒からはこ

モスクと茶室の共通点
モスク
動作が
決まっている
靴をぬぐ
華美な
服装はNG
家具や
モノがない
茶室
床に座る

の言葉をほとんど聞きませんでした。

UAE人女子が日本に来てびっくりしたこと――部屋の冷蔵庫にお酒が……

ドバイでは珍しく気温が10度近くまで冷え込んだある年の1月、着膨れした10人の女子日本クラブメンバーが日本研修旅行に赴きました。出発の日、ドバイ空港には娘たちを見送りにきた家族が集結しました。傍から見ると巨大な団体に見えたに違いありません。このような場でも家族の絆の強さをひしひしと感じます。

飛行機に乗ると、学生たちは家族と離れたことでしばし寂しそうでした。UAEでは宿泊を伴う修学旅行がないので、学生のほぼ全員が親と離れて過ごすのが初めてなのです。イスラーム教徒がほとんどいない国、英語がほとんど通じない国に行くのも初めてでした。

しかし、寂しさは大好きな友人たちとのおしゃべりで徐々に打ち消されたようです。これからはじまる未知の旅行についていつしか声高に話していました。途中、何人かは日本語の教科書を出して会話練習をしながら盛り上がっていました。また、機内の日本語アナウンスがどれだけ聞き取れるかをみんなで試しては、はしゃいでいました。

成田空港に到着すると、荷物を回収してホテルに向かうバスに乗り込みました。車窓から街を眺めると、道路が狭く家が小さく街がごちゃごちゃしていることに学生たちは驚きましたが、狭い道路を安全運転で走っている車のマナーのよさに感心していました。

学生たちの最初のカルチャーショックはホテルに着いたときに起こりました。

「ホテルの部屋の冷蔵庫にビールがあります。どうしてですか？」

仰天した女子学生モザさんが私に訴えてきました。イスラーム諸国以外を訪れたことのない学生でした。彼女はアルコール類をほとんど目にしないで育ってきています。日本のホテルの冷蔵庫にビールが入っていたり、ウィスキーのミニボトルなどが置いてあることは日本人にとっては当たり前ですが、モザさんにとっては初めて見る異質な光景だったのです。

ＵＡＥ人にはお酒を飲まないばかりか、お酒がある部屋にいることにも嫌悪感を示す人がいます。学生たちは柔軟性があるので「お酒をすべて取り除いてください」とホテルに頼むことはありませんでしたが、私からホテルに頼んで翌日以降、学生たちの部屋の冷蔵庫からお酒類をすべて撤去してもらいました。

お釣りを渡されるときに手が触れただけでも顔を赤らめるＵＡＥの女学生

お酒問題が解決すると、次は聖書です。ホテルの部屋の引き出しを見て学生たちは驚きました。

「日本にはキリスト教徒が少ないのに、なぜ聖書がホテルの部屋にあるんですか？」

イスラーム教国では、ホテルの部屋にイスラームの聖典クルアーンは備わっておらず、もちろん聖書も置いてありません。私は、「日本ではキリスト教団体がホテルなどに無料で聖書を配布しているのですよ」と伝えました。

買い物時も予期せぬことがありました。日本人の店員にはレジでお釣りをわたすとき、お釣りを持っていない手を下にあてて、客の手を上下から挟み込むようにする人がいます。これは客がお釣りを落とさないように、という配慮ですが、UAE人女子は男性の店員に手を上下からあてられてびっくりしてしまいました。見知らぬ男性と触れることなく育ったUAE人女子にとって、男性店員の手が自分に触れただけでも大事件なのです。顔を真っ赤にしながら「手が触れちゃった……」と言うので「店員は丁寧にお客さんに接しようとしているだけで、お客さんの手を握ろう、と考えてしているわけではないですよ」と説明しました。彼女たちも男性店員が手を挟んできたのが不快だったわけではなく、とにかくびっくりしてしまったようです。

電車の中では席が空いているのに座らない学生がいるので「座ったら？」と声を掛けたら、「男性の隣には座りたくないので、立っています」と答えました。しかし、気にせずに座ってい

ハッ
ありがとうございます

る学生もいました。

夕方の通勤ラッシュの時間、「満員電車の中では男性と触れ合うので乗りたくない」という学生がいました。このような学生たちは自費でタクシーに乗りホテルに戻りました。「タクシーの運転手と日本語で話せて楽しかった」と遅れてホテルにもどった学生たちは報告してくれました。

朝の街を歩いたときは、家の前や店の前を掃除している人が多いことに驚きました。

「ドバイでは雇われた清掃員しか掃除をしない。日本人は町をきれいにするために自発的に掃除をしているなんてすごい」

日本の日常茶飯事が、厳格なイスラーム教国から初めて来日した女子にとっては驚嘆の対象になっていました。

⚜イスラーム教徒には不便なことも多いけれど、人が親切に対応してくれる日本

「礼拝をしたいんですけど、場所はありますか?」

日本でUAE人女子学生たちに突然こう言われても、私はすぐに対処できません。

東京にはモスクが数ヶ所ありますが、観光地からモスクまで行くには時間がかかり、他の訪

問先を削らなくてはなりません。「礼拝場所はないよ」と一言ではねのけたいところですが、引率者としてはそうもいきません。

イスラーム教徒は、礼拝を１日五回することになっていますが、旅行中など普段の生活と同じように行動できない場合は何回かの礼拝をまとめてすることが許されます。しかしながら敬虔な女子学生たちは日中外出している間にも一回は礼拝をしたいようです。

イスラーム教徒の礼拝は床に座って上体を床と平行に伸ばす動作があるので、一人でもそれなりのスペースを必要とします。しかも床がある程度きれいでなくてはなりません。

そこで、断られるのを覚悟しながらいろいろな建物の中でこう頼みました。

「すみません。この学生たちが礼拝をするため、10分ほど場所を貸していただけないでしょうか」。すると博物館、ホテル、訪問した会社などで、係員がこころよく場所を提供してくれました。ある博物館では、会場係の女性がわざわざ重そうなついたてを運んできてくれて、礼拝している学生たちが誰からも見えないように気配りしてくれました。他の建物では、非常階段の踊り場や人のいない部屋などを貸してくれました。

飲食店では敬虔なイスラーム教徒が直面する食事の問題も持ち上がりました。飲食店に入るなり、「イスラーム教徒なので植物油を使ってもらえますか?」「豚肉を抜いてもらえますか?」

など数々のお願いをしましたが、どの飲食店でも注文の多い客を快く受け入れてくれました。

日本の洋菓子スイーツには全員がとりこになりました。UAEは裕福な国ですが、スイーツに関してはまだまだ発展途上で、日本で売っているような美しくて繊細な洋菓子はないのです。UAE人女子たちはお菓子を指差しながら「お酒を使っていませんか」と一つひとつ店員に聞いていきました。ほとんどの店員はそのような質問に慣れていなかったようです。「ちょっと待ってくださいね」と言って、店員同士でお酒の有無について成分表示をきちんと調べ、お酒が入っている場合ははっきりその旨を伝えてくれました。

女子学生たちは日本ではアバーヤを着ず、長袖、長ズボンで腰を隠す長めの上着を着ているだけでした。それでも頭にスカーフを巻いているので、「イスラーム教徒」であることがわかり、顔を見れば「アラブ人」の団体だとわかります。

学生たちは「アラブ人やイスラーム教徒＝テロリスト、と日本で考えられているのでは」と不安を抱いており、引率教員の一人である私も「アラブ人の団体を見て顔をしかめる日本人が多いのではないか」と心配していました。

しかし、日本人からいやな表情をされることはありませんでした。「目が大きくてきれいね～」「どこから来たの？」「日本語が上手ね」などと話しかけてもらったり、ドバイについての質問を受けたりして、学生は日本人とのふれあいを楽しんでいました。

約10日間のツアー中、酒類や食事の問題、礼拝場所の確保などの困ったことはいくつもありましたが、わがままや苦情を述べる学生はおらず、学生たちはすばらしい協調性を発揮していました。ＵＡＥ人たちは普段から大家族で行動をしているので、集団で動くことに慣れているようです。移動はすべて公共の交通機関を使ったため、最初のうち何人かの学生はつらそうな表情をしていました。車社会で生活するＵＡＥ人は長い距離を歩くことが苦手なのです。しかし、ＵＡＥではゆっくり歩いている彼女たちの足取りもいつしか日本人のように速くなっていました。

第八章

イスラームに対するありがちな誤解

✤女性は教育を受けていないのでは、というのは間違い

「英語しゃべれるの?」「女性が大学なんていくの?」

私が日ごろ接しているUAE人女子学生たちは外国人と話すとよくこのように聞かれる、と言って嘆いていました。「イスラームの女性は家にこもっており教育を受けていない」と誤解する人は多数います。UAEに長く住んでいる外国人ですら、このような誤解をしている人が少なくありません。

UAEでは義務教育である小学校の就学率は100%です。イスラームの「教徒はみな知識を得るべき」という教えも徹底されており、女性の大学進学率は2000年代以降7割を超えています。男性は中学や高校を卒業したあとに士官学校や警察学校に行く人が多いため、大学進学率は女性の方がずっと高いのです。

イスラーム女性教徒に対する誤解は教育についてだけではありません。「イスラーム教徒の女性は外で働かず家にいる」と考えている外国人は多く、私もドバイに来た頃そう思っていました。それを女子学生たちに告白すると、彼女たちから「預言者ムハンマドの最初の妻ハディージャも有能な商人でした。アラビア半島の女性は石油が発見される前の貧しい頃、井戸から水を汲んできたり家畜の世話をしたりして外でも働いてきたんですよ」と教えられました。

職に就いている女性はとても多く、ＵＡＥの公務員は半分以上が女性です。ただし「女性は見知らぬ男性と知り合わないほうがよい」というイスラームの教えに従ってＵＡＥ人女性は不特定多数の男性と接する接客業やサービス業に就くことは稀なので、職種は限られています。たとえばＵＡＥ人女性で客室乗務員や旅行の添乗員になる人はほとんどいません。

女性の警察官や軍人もいます。軍人のＵＡＥ人女性は自分の目で見たことはありませんが、本に載っていた写真で知りました。驚いてアスマ教授に「ＵＡＥ人女性の軍人もいるんですね」と話すと、「歴史上、勇敢に戦ったイスラーム女性教徒は何人もいます。最近ではドバイ首長国の初代首長であるラーシド初代首長の母親が、１９７０年代に部族間で戦闘が起こったとき率先して軍を率いましたよ」と教えてくれました。海外の大学で博士号を取得したアスマ教授はＵＡＥ女性知識人の草分けであり、学生のよい目標になっています。

女性はボランティア活動にも積極的です。ザーイド大学では海外で援助活動をする学生を支援しており、ある年は女子学生約10人がカンボジアで小学校を建設するお手伝いとして小村に赴きました。

ＵＡＥ人の家庭はたいてい数人の外国人メイドがいるので、娘たちは炊事・洗濯・掃除などの家事はほとんどしません。外国人運転手や庭師も雇っていることが多いので、力仕事は彼らに任せています。そんなＵＡＥのお嬢様たちが長袖Ｔシャツとジャージをはいてカンボジアの村の子供たちと笑顔で写っている写真が大学の広報誌に載っていました。

インドの小村で住居環境改善プログラムに参加したグループもいます。家がない人のために家を建てる手伝いをした女子学生たちは、バケツを持ってセメントを運んだり手押し車でブロックを運んだりしたそうです。

「こんなに満足した気持ちになったこと、こんなに自分を誇らしげに感じたことは今までなかった」。インドへ行ってきた女子学生が書いた感想記の冒頭にはこう書いてありました。

リーダーシップを発揮するＵＡＥの女性たち

「リーダーシップ育成についてのワークショップ」と書かれたポスターが大学の通用口に貼ってありました。学生同士がリーダーシップについてディスカッションする大学主催の行事のようです。

ＵＡＥではリーダーシップやアントレプレナーシップ（起業家精神）育成に力を入れており、ザーイド大学でも国内外で活躍している女性を呼んで頻繁に講演会や討論会を開いています。

このポスターを見ていて、日本クラブにいる優れた統率力を備えている学生たちの顔が頭をよぎりました。新入生から上級生まで、数十人のまとまりをぐいぐいと引っ張っていく学生が何人かいます。その下に、リーダー格の学生を補佐する理知的で控えめな学生がいます。その また下にグループのルールを守ってリーダーにしっかり従う同輩・後輩たちがいて組織がきれいにまとまっています。同じ組織でも、時と場合によってリーダーシップをとる学生が交代し、うまくバランスが保たれているように見えます。

UAE人女性の世界は見知らぬ男性との接触が絶たれる10歳以降、女性だけで構成され、結婚しても夫といる時間を除けば、「女性だけの世界」に生きている構図は変わりません。

日本のようにいつも男女が一緒に行動できる社会とは違って、男性と一緒に行動しない社会に住む女性たちは自分に頼らざるを得ない部分が多く、しっかり者になるようです。

「イスラームの女性はもっと弱々しいのかと思っていた」と私が女子学生たちに言うと、女子学生たちは「そう言われることに私たちは慣れていますよ」と言ってから「預言者ムハンマドの愛妻アーイシャもラクダを駆って戦闘を指揮しました。他にも古い時代にコミュニティのリーダーとして活躍した女性が何人もいることをイスラームの授業で教わっています。私たちはそういう女性になりたいと思っているんです」と言い、目を輝かせました。

中学で習う「UAE学（UAE Studies）」という教科の教科書では、建国の父ザーイド大統領が女性を尊重する発言をしたことや、ザーイド大統領の第一夫人であるファーティマ妃が女性の識字や職業訓練を支援する団体を作ったことなどが説明されています。政治家や警察官として活躍する女性についての言及もあります。UAEの子供たちは男女ともにこれらの記述に大きな影響を受けているようです。男性も、女性が社会で働くのは当然と考えています。

「先生、〇月〇日〇時に〇〇へ来てください。バスは用意してあります」。日本クラブの学生たちは、大学外で催すイベントに私を誘うときこのように言ってきます。彼女たちは企画立案し、面会先に連絡を入れ、大学に外出許可を申請し、バスや外食先のアレンジも済ませます。クラブの顧問である私はただ「は～い」と言ってついていくだけでした。

⚜必ずしも男性ばかりに優位な社会とは言えない？

イスラーム社会は「男性優位の社会である」と世界の多くの人に考えられています。たしかに男性の方が「権利」が多く行動の自由もあります。たとえば離婚は男性が請求すれば簡単に成立しますが、女性が請求した場合は複雑な手続きを踏まなくてはなりません。

ですから一面では男性優位という見解はあたっています。しかし「権利」が多いと同時に、男性の抱える「義務」も多く、社会的なプレッシャーは大きいと言えます。

一般にＵＡＥ人男性は多くの権利を享受しながら、多くの義務に耐え、義務を履行していま す。イスラームでは、女性の行動に種々の規制があります。たとえば男性が多く集まるところに行くべきではない、女性が一人で遠出をするべきではない、などの規制です。規制は女性を守るために作られたのであり、守るのは男性の義務です。

ショッピングモールなどに行くと、一人の男性が5人ぐらいの女性をぞろぞろ引き連れて歩いているのを頻繁に見かけます。「ＵＡＥ人男性はしょっちゅう愛人を連れて歩いているね」と言って驚く外国人がいますが、愛人と誤解された女性たちは、たいてい男性が扶養しなくてはならない、あるいは世話をしなくてはならない血縁関係の女性たちです。多いときだと一人の男性が10人ぐらいの女性を引率していることもあります。妻、娘たち、そのいとこや娘の子供たち（孫）まで一緒です。

こんなとき女性は数で勝っているので、男性が女性の言いなりになっていることが多そうです。女性のショッピングは時間がかかるもので、みんなであれでもない、これでもないと商品を評価しあいますが、そういう長い時間を引率の男性たちは耐えています。

女性たちが団体になれば歩く速度は遅くなりますが、引率男性は歩調も女性にあわせています。

ゾロ
ゾロ
ゾロ

育児も多くの男性は分担しているようです。スーパーマーケットではショッピングカートやベビーカーを押すカンドーラ姿の男性をよく見かけます。女性が買い物に熱中している間は子供をあやしています。子供の手を引いたり、子供を抱いてショッピングモールを歩くお父さんも大勢います。

毎日の生活では、子供たちがスクールバスを利用しない場合に学校への送り迎えがあります。父親と母親が分担して別の車でおおぜいの子供たちを送り迎えをしているケースもあります。

ザーイド大学では約3割の女子学生が自分で運転して来ますが、自分で運転しない学生、スクールバスを利用しない学生、お抱え運転手がいない家庭の学生は、兄や弟に送り迎えをしてもらっています。

たとえば学生モアッズ君は、毎朝妹を大学に送ってから自分の大学に行き、帰りは妹の大学に寄って妹をピックアップしてから家へ帰る、という経路をとります。

女性が守られていることが重要なこの社会においては、女性も男性もそれぞれの行動が人に左右される面があります。

⚜アラブの男性がになう義務——少年でも負っている責任

アラブの男性には日々の制約に加え、一生を通じて果たしていかなくてはならない義務があります。男子として生まれてある程度の年齢になるとまず姉や妹の世話という義務が発生します。姉妹の世話とは姉妹の行動や周囲を見守り、貞操を守ることです。

成人して自分自身が結婚する段になれば、家の名前と財産を守るという使命を負います。特に長男は重い責任をになっています。新婦側の家族から高額の結婚資金（マハル）を請求されることも多くあります。日本のように女性側から男性側へ送る「結納返し」のような習慣はなく、新生活への準備金は基本的に男性が全部払うことになっています。ですからお金が足りなくて結婚できずに困っている人は少なくありません。息子の多い家は結婚費用総額が巨額になるので、息子を次々と結婚させるのが難しくなります。

イスラームの教えでは「女性が自分で稼いだ分は女性が使える」としており、女性は家計を助ける義務がありません。ＵＡＥでは既婚男性の給料には家族の手当てが含まれるので既婚女性の給料よりも高くなりますが、「男性の方が高い給料をもらっているのだから、家族を養うのは当たり前」と考えられています。

女児を生めば、その娘が結婚するまでの貞操を守る役割が両親、特に父親に生じます。娘が結婚前に男女関係に関する問題を起こした場合、その娘が暗い人生を送るのが決定すると同時に、父親も「価値のない男」というレッテルを貼られます。男児を生めば、その息子の花嫁候補を父親が最終的に判断しなくてはなりません。自分の妻に対しては「社会的に恥ずかしい行いをすること」から遠ざけるべく、保護監督していなくてはなりません。

アラブの男性はアラブ以外の人々から女性の扱いについて大きな誤解を受けていることにも心を痛めています。20代後半の公務員ユーセフ君は海外旅行に行ったとき、西洋人の男性から「ハーレムはどんなところか？」と聞かれたことがある」と言って、激しく憤っていました。アラブ諸国はアラビアンナイトに出てくるような社会、すなわち男性が何人もの愛人をかしずかせている社会というイメージを持ち続けている人がいるようです。

その西洋人の男性は、イスラームでは男性が何でも決める権利がある、と勘違いしていたそうです。大学で法律を勉強したユーセフ君は「たとえば離婚したとき、子供の養育権はイスラームの法律シャリーアで明確に定められている。子供が男児の場合、7～9歳までは母親でそのあとは父親、女児の場合は結婚するまで母親にある。女性が持てる多くの権利も、あらかじめ法で守られている」と説明してあげたそうです。

遺産相続では、娘より息子の方が2倍取り分が多いこともシャリーアで決められています。

「それなら男性が有利なのでは?」とユーセフ君に聞いたら、「女性はもらったお金をすべて自分のために使える。しかし男性は家庭のため、母親のため、未婚の姉妹のためにも使わなくてはならない。だから男性が多く遺産を受けるのは理にかなっている」と解説してくれました。職場で男性の方が女性より給料が高い場合があるのと同じ理由だそうです。

男性の持つさまざまな社会的プレッシャーや役割を理解すれば、「イスラームは男性優位の社会」とは必ずしも言えません。

ドバイの「箱入り娘」と「箱入り息子」

「アーリアさん、日本語能力試験に挑戦しませんか? UAEには試験会場がないので、エジプトかトルコまで試験を受けに行かなくてはならないけれど」

ある年の日本語クラスで最も優秀だったアーリアさんに私はこのように打診してみました。過去、UAE人女性で日本語能力試験を受けた人は片手で数えられるぐらい少ないので、アーリアさんによい実績をつくってほしかったからです。アーリアさんは「受けたいです。でも女性一人で外国に行くことは家族が許さないので、お父さんに聞いてみます」と答えました。イスラームには「女性が家から遠い場所へ旅行するときは家族の男性を伴わなくてはならない」

という教えがあることをそのとき知りました。

数日後、アーリアさんは嬉しそうに「お父さんが一緒に行ってくれることになりました」と報告してくれました。数ヵ月後、アーリアさんは父親を伴って受験のためだけに2泊3日の日程でエジプトのカイロに飛行機で5時間かけて行きました。そして、希望の級に見事合格しました。

会社員のヌーラさんはイギリスの大学を卒業しましたが、イギリス行きを親が許したのは、イギリスにいる親族がヌーラさんの面倒をみることができたからです。

このように、UAEにおける女子の育て方は日本人が考えられないほど慎重です。娘が知らない男性と接触することや、ふさわしくない行動をとることを恐れるからです。そこで、女子は一人でフラフラと目的なく外出をすることはほとんどできず、歩いてすぐ行ける店への買い物か隣近所の親族の家を訪れるとき以外、家族や親族とともに行動しています。外出は未婚女性の場合、たいてい父親、おじ、兄弟のいずれかを伴います。結婚後の行動の自由は夫の裁量によるところが大きいですが、未婚女性よりは自由度が高そうです。

このように女子の自由が制限されていることはわりあいよく知られていますが、実は男子の自由も女子ほどではないにしろ制限されています。

「ごめんなさい。やっぱりレッスンを続けることはできません」と26歳のジャーシム君は連絡して来ました。日本で美術を習うことを夢見ているジャーシム君から熱心に懇願され日本語の個人レッスンを始めてからまだ数ヶ月後のことです。私の家のすぐそばの、利用客の多い喫茶店をレッスン場所にしていましたが、婚約を済ませたばかりであった彼は母親に「どんな女性であっても二人きりで会ってはダメ」と言われたそうです。私とジャーシム君は年齢も一周り以上離れており、誰が見ても明らかに先生と生徒に見える関係だったのに、母親は彼が私に習うことを許してくれませんでした。

ＵＡＥでは女性が全員「箱入り娘」として育てられているのは外国人にもすぐわかりますが、男性も「箱入り息子」であることに気付くまでには何年もかかりました。

日本に来たイスラーム教徒たち①——不自然な行動は信仰の証？

日本の大学院で学んでいたときのことです。廊下を歩いていたらトイレの入り口付近からバシャッバシャッという大きな水音が聞こえてきました。いったい何が起こっているのかと思いトイレをのぞくとマレーシア人留学生のナジュワさんの姿が見えました。ズボンをたくしあげ、裸足になって、片方の足を洗面台の上に載せて足を洗っています。

なんてお行儀が悪いこと！　洗面台は手や顔を洗う場所なのに……。私がこう思ったのが顔色に出てしまったのか、ナジュワさんは言いました。

「これから礼拝をするんです。礼拝の前には手や足を洗わなくてはならないけれど、足を洗う場所がなかったので洗面所を使いました。ごめんね」。

私はイスラーム教徒が1日五回の礼拝の前に体のいろいろな部分を清めなくてはならないことを思い出し、納得しました。

モスクには建物の中または外に必ず洗い場があります。洗い場は日本のお風呂屋さんのように蛇口が低い位置についていて、小さな椅子か低い腰掛があります。教徒たちは礼拝をする前にそこへ座り、イスラームで定められた順番どおり、手、口の中、鼻の中、顔、腕（ひじの少し上まで）、頭、耳の中と体を清めていきます。最後に足をくるぶしの辺りまで洗います。

当時その大学には礼拝用の場所はあったものの水道設備は整っていませんでした。そこでイスラーム教徒の学生たちは手を洗う水道で足を洗っていたのです。

このように、日本にいるイスラーム教徒は日本人の目から見たら突飛な行動をしていることがあります。

UAE人女子大生8人組が真冬の東京へ研修旅行に来たときは、その服装で周囲に違和感を

生みました。おしゃれな彼女たちは髪の毛をすべて大きめの帽子の中に入れ、首にはマフラーをぐるぐる巻いていましたが、レストランの中に入っても帽子とマフラーを取りません。「店内は暖かいのになぜあの集団は帽子とマフラーをつけたままなのだろう」と周囲の人たちが8人組を不思議そうに見ていました。彼女たちは髪の毛と首周りを隠すためにスカーフではなく帽子とマフラーを使っていたのでイスラーム教徒に見えず、寒がりな集団だと思われていたようです。

UAE人のメイサさんは家族で日本旅行に来たとき、彼女の印象を悪くするようなことをしました。メイサさんは目鼻立ちが整ったはっとするような美人なので、通りすがりの日本人男女の目を惹きつけていましたが、男性と目が合うと視線をさっとそらせていたのです。イスラームでは「男性も女性も、異性と目を合わせないように伏目がちでいるのがよい」と教えています。メイサさんの行動はこの教えに従ったものでしたが、メイサさんにあからさまに目を背けられた日本人男性は少々気を悪くしたのではないかと思っています。

UAE人男性はイスラームの教えを守って女性と目を合わせないようにしており、女性をじろじろと見るようなことはありません。しかしながら美しいものを見たいのは人間の自然な欲求です。日本人男性は思わずメイサさんに目を向けたのだと思いますが、男性に見られることに慣れていない彼女は過剰反応をしてしまいました。そんなメイサさんも日が経つにつれ状況に順応したようです。いつの間にか視線を気にかけないようになっていました。

日本に来たイスラーム教徒の行動は日本の習慣に応じて変わっていくこともあれば変わらないこともありますが、一見不自然に見える行動でもその理由がわかれば不自然に感じなくなります。

⚜日本に来たイスラーム教徒たち②――神との距離は自分で決めるもの

アクバル氏は日本人の奥様を持つ来日間もない30歳代のパキスタン人です。私がアクバル氏の日本語個人レッスンのために初めて会った日、アクバル氏はいきなり「きのう、妻のお父さんと初めて飲んだ。嬉しかった」とたどたどしい日本語で私に伝えてきました。「え？　飲んだっていうのはお酒ですか？」とびっくりして聞くと、「はい。もちろん」と悪びれることなく答えます。「お酒はイスラームで禁止されているけれど、飲んでもいいんですか？」と聞くと、「たしかに飲酒はよくないけれど、心はイスラームに帰依しているし、神を偉大だと思う気持ちに変わりはない」。アクバル氏は英語でこう説明しました。信仰心はあっても好きなお酒をやめる気はないようです。

ジャバール氏は東京の繁華街でカレー屋を経営する30歳代のパキスタン人です。ジャバール氏のカレー屋はハラール・ミートつまりイスラームの教えにそって屠畜された動物の肉を使っています。そのため私はイスラーム教徒の友達と会うときによくこの店を利用しています。店のメニューにはビールがあるのでジャバール氏はお客さんにビールを出しますが、自分では一切飲みません。「お酒は飲んだことがないから味はわからないけれど、飲みたいとも思わない」と言います。

ファッションモデルのように装っているスタイリッシュなトルコ人留学生のメルイェムさんは、男性の友達がたくさんいる華やかな学生です。巻き毛の髪も体の線も隠していないので、私はてっきりキリスト教徒のトルコ人だと思っていました。ある日のこと、水ようかんを持ってきた日本人がいたのでみんなで食べようとすると、メルイェムさんは「その水ようかんにゼラチンは入っていますか。私はイスラーム教徒なのでゼラチンに豚肉が入っていると食べられません」と質問してきました。この言葉でメルイェムさんがイスラーム教徒であることを知りました。メルイェムさんの頭の中では「服装や髪の毛などの外見はイスラームの教えに沿っていなくてもＯＫ、でも豚は食べられない」という線引きができているようです。メルイェムさんはおいしそうに食べていました。

　このように、イスラーム教徒は千差万別です。アクバル氏とジャバール氏は同じパキスタン人のイスラーム教徒で年齢も似通っていますが、考え方も行動もかなり違います。お酒について言えば、以前はお酒を飲んでいたけれど何かのきっかけて禁酒して信心深くなった教徒もいれば、以前は禁酒していたのに今は飲むようになったという教徒もいます。

　イスラーム教徒の父親から生まれた子供は自動的にイスラーム教徒になり、他の宗教に改宗することは生涯許されないので、まったく信仰心がなくても戸籍上イスラーム教徒という人もいます。一方、他の宗教から自分の意志でイスラーム教に改宗して熱心にイスラームについて勉強している人もいれば、結婚相手がイスラーム教徒だったので何も考えずにイスラーム教徒になった人もいます。

　いろいろなタイプのイスラーム教徒と知り合う過程でわかってきたのは、イスラーム教徒がイスラームをどれだけ信仰するかは一人ひとりが自分の意志で決める、ということです。信仰に従ってどう行動するかも個人の判断です。これに気付いてからはイスラーム教徒に「あなたはイスラーム教徒なのに、なぜ飲酒をするの?」とか「なぜ髪の毛を隠さないの?」などと質問することはなくなりました。

〈参考文献〉
Al-Hilali, Muhammad Taqi-ud-Din., Khan, Muhammad Muhsin. "Translation of the meanings of The Noble Qur'an in the English language". King Fahd Glorious Qur'an Printing Complex, Madinah, Saudi Arabia
Bahammam, Fahd Salem. (2012) "The New Muslim Guide". Modern Guide, Riyadh, Saudi Arabia
Haddara, Wael M.R.(1995) "Women in Islam versus women in the Judaeo-Christian tradition The myth & the reality". Islamic Information Center. Dubai, UAE
Hasan, Abdul Ghaffar. (2004) "The Rights & Duties of Women in Islam". Darussalam. Saudi Arabia
———˙ (1996) "Miscellaneous Questions & Answers for the Muslim Women". Darussalam, Saudi Arabia
Kunna, Ibrahim M. (1996) "Miscellaneous Questions & Answers on Islam Part 1, Part 2". Darussalam, Saudi Arabia
Obied, Asma. (2011) "Multiculturalism in the UAE". Ministry of Culture, Youth & Community Development, UAE
アッサラームファンデーション（２０１２年）『人生のいきかた』アッサラームファンデーション（非売品）
Ａ・Ｒ・イブン・ハッマード・アール・ウマル（アシュラフ安井訳）（２００１年）『ディーヌ・ル・ハック 真理の教え』アラブイスラーム学院（非売品）
イスラーム文化センター（２００８年）『断食ガイド』イスラーム文化センター（非売品）
イスラーム文化センター（２００９年）『イスラームという生き方—その50の魅力』イスラーム文化セン

ター（非売品）
河田尚子編著（2011年）『イスラーム信仰叢書7 イスラームと女性』国書刊行会
竹下政孝編、板垣雄三監修（1995年）『講座イスラーム世界4 イスラームの思考回路』栄光教育文化研究所
ブハーリー（牧野信也訳）（2001年）『ハディース　イスラーム伝承集成』（全6巻）中公文庫

■辞典
大塚和夫他編（2002年）『岩波イスラーム辞典』岩波書店

（注）本書の中では、物価は為替レートを1UAEディルハム＝約30円として計算しています。

おわりに

「イスラームについては一生勉強することがあります」。私が接してきたイスラーム教徒の多くはこのように言っていました。イスラームは壮大な体系であり、その教えは教徒の言動すべてにかかわっています。熱心に勉強しているイスラーム教徒でさえ学ぶことがいくらでもある、と言うのですから、短期間イスラーム教徒に接しただけの私の知識はわずかなものです。

しかしながら、ドバイにてイスラーム教徒たちと過ごした体験や教えてもらった知識を少しでもみなさんと共有したい、という思いでブログ「ドバイ千夜一夜」を2007年に書きはじめました。それから6年が経ち記事もたまってきたので、そのエッセンスを書籍向けに改稿してまとめたいと考えていたところSBクリエイティブの依田弘作氏が興味を示してくださり、本書の出版となりました。

「寝そべりながら気軽に読めるけれども、ためになる」本を目指したため、イスラームに初めて触れる方への入門書として位置づけていただければ幸いです。

「高級リゾート地として有名なドバイはイスラームを学ぶのに適していないのでは？」と考え

る方もいます。確かに少なからぬＵＡＥ人はブランド品のカバンや装飾品で身を固め、高級車を乗り回しており、宗教に無関心のようにも見えます。しかし、意外に思われるかもしれませんが、物質的な繁栄を享受しながらも大多数のＵＡＥ人は約１４００年前に啓示されたのイスラームの教えを真摯に実行しています。多国籍社会の中で生きる彼らは、自分たちの考えを外国人には押し付けることがない、まじめで穏健なイスラーム教徒でした。

本書はこれまで私にイスラームについて教えてくれた数限りないイスラーム教徒のみなさんと、家族の絶え間ない暖かいサポートの賜物です。イスラームに関する記述については一般財団法人エネルギー経済研究所研究理事の保坂修司氏に貴重なご指摘をいただきました。親しみやすいイラストは坂木浩子さんに描いていただきました。これらの方々に心より感謝を申しあげます。

本書がイスラーム教徒にまつわる行動の不思議を解き明かし、アラブとイスラームの多様性を理解する上の一助になること、イスラーム教徒と付き合うときのガイドになることができれば本望です。

２０１４年1月31日またはヒジュラ暦１４３５年3月29日

松原直美

著者略歴
松原直美（まつばら・なおみ）
1968年東京生まれ。上智大学経済学部卒業。早稲田大学大学院アジア太平洋研究科国際関係学専攻博士後期課程退学。タイの公立高校日本語講師を経て、2006年からドバイで暮らす。UAE 国立ザーイド大学にて日本語指導と空手道（千唐流）の初代講師として、2007年〜2012年まで勤務。UAEでは茶道の振興にも携わった。論文に「UAEと日本の若者の比較　その生活と社会」（英文）など。現在ロンドン在住、ハーロウスクール（Harrow School）日本語非常勤講師。UAEと日本の架け橋となるべく活動を続けている。
ブログ「ドバイ千夜一夜」（http://blogs.yahoo.co.jp/dubai1428）は、2007年から連載をはじめ、もう少しで1000回を数える。

SB新書　249

住《す》んでみた、わかった！ イスラーム世界《せかい》
目《め》からウロコのドバイ暮《ぐ》らし6年間《ねんかん》

2014年2月25日 初版第1刷発行

著　者：松原直美

発行者：小川 淳
発行所：SBクリエイティブ株式会社
〒106-0032　東京都港区六本木 2-4-5
電話：03-5549-1201（営業部）

装　幀：ブックウォール
組　版：米山雄基
イラスト：坂木浩子
印刷・製本：図書印刷株式会社

ISBN 978-4-7973-7690-6